Marcus Disselkamp

Bilanzanalyse leicht gemacht
Grundlagen der Bilanzierung von A bis Z

2. Auflage

Vorwort

Die Bilanzanalyse – oder korrekter die Jahresabschlussanalyse – dient der systematischen Analyse und Verarbeitung des Informationspotentials des Jahresabschlusses. Es gilt, Einsichten und Erkenntnisse über die „wahre" wirtschaftliche Lage und Zukunftsaussichten eines Unternehmens zu erlangen.

Aber: Für viele Betriebswirte und vor allem Nicht-Betriebswirte ist die Bilanz eines Unternehmens und ihre Analyse ein Buch mit sieben Siegeln. Man fürchtet sich vor der Vielzahl von Fachbegriffen, wie Cashflow, Jahresabschluss, GuV, Liquidität, Rückstellungen oder Rücklagen, und überlässt das Feld den Experten.

Das muss nicht sein! Dieses Buch vermittelt auch Nicht-Betriebswirten die Grundlagen der Bilanzierung und Bilanzanalyse. Hierzu gehören die Inhalte des Jahresabschlusses, der Aufbau der eigentlichen Bilanz, der GuV Rechnung und der Hintergrund des Anhangs. Der Leser erfährt, welche ergebniswirksame Gestaltungsmöglichkeiten der Bilanzpolitik existieren und wie mit klassischen Finanzkennzahlen ein Jahresabschluss analysiert wird.

Egal ob Geschäftsführer, Vorstand oder Aufsichtsrat, jeder Organvertreter eines Unternehmens zeichnet sich für die Erstellung und Aussage der Bilanz seines Unternehmens mit verantwortlich. Ein Grundverständnis über diese Thematik ist daher für ihn unumdingbar. Über 25 Hauptbegriffe treffen auf mehr als 250 Stichwörter. Alle Themengebiete sind übersichtlich nach dem Alphabet sortiert und in einer verständlichen Sprache erläutert. Viele Querverweise verdeutlichen dem Leser die unterschiedlichen Zusammenhänge und Wechselbeziehungen, so dass dieses Buch eine solide Grundlage für das Eigenstudium der Bilanzanalyse darstellt.

Und es ist auch gar nicht so kompliziert, wie es machmal dargestellt wird! Dieses Buch möchte jedem, auch Nicht-Betriebswirten, die Scheu vor der Bilanzierung und Bilanzanalyse nehmen. Es basiert auf den langjährigen Erfahrungen vieler Grundlagen- und Fachseminare, die der Autor selbst für Betriebswirte und Nicht-Betriebswirte gehalten hat und hält.

Das Buch fokussiert auf den in Deutschland am weitesten verbreiteten Rechnungslegungsstandard, den Regelungen des Handelsgesetzbuches. Jedes Unternehmen mit Sitz in Deutschland, muss nach diesem Standard seine Bilanz erstellen. Ergänzend sind seit einigen Jahren auch internationale Standards für deutsche Konzerne erlaubt bzw. werden diese sogar parallel zum Handelsgesetzbuch verlangt. Daher nennt diese Pubklikation die wichtigsten Grundzüge des internationalen Rechnungslegungs IFRS sowie einige zentralen Abgrenzungen zum deutschen Standard.

Ich wünsche Ihnen viel Spaß und gute Anregungen bei der Lektüre dieses Buches. Für Vorschläge aus der Praxis bin ich wie immer sehr dankbar.

München, September 2014
Marcus Disselkamp

2. Auflage 2014
Alle Rechte vorbehalten: Dr. Marcus Disselkamp
Herstellung und Verlag: Books on Demand, Norderstedt
ISBN: 9783837004250

Schwerpunktthemen

Inhaltsverzeichnis

8

Abkürzungsverzeichnis

Abs.	Absatz
AG	Aktiengesellschaft
AktG	Aktiengesetz
BSC	Balanced Scorecard
BMWA	Bundesministerium für Wirtschaft und Arbeit
EBIT	Earnings before Interest and Taxes
EBITDA	Earnings before Interest,Taxes, Depreciation and Amortization
EStG	Einkommenssteuergesetz
EStR	Einkommenssteuerrichtlinien
EuGH	Europäische Gerichtshof
GbR	Gesellschaft bürgerlichen Rechts
GmbH	Gesellschaft mit beschränkter Haftung
GmbHG	GmbH-Gesetz
GuV	Gewinn- und Verlustrechnung
HGB	Handelsgesetzbuch
HR	Handelsregister
IDW	Institut der Wirtschaftsprüfer in Deutschland e.V.
InsO	Insolvenzordnung
KG	Kommanditgesellschaft
KGaA	Kommanditgesellschaft auf Aktien
KonTraG	Gesetz zur Kontrolle und Transparenz
MitbestG	Mitbestimmungsgesetz
OHG	Offene Handelsgesellschaft
PublG	Publikationsgesetz
Rn.	Randnummer
WP	Wirtschaftsprüfer
WpÜG	Wertpapierübertragungsgesetz

1 Abschreibungen

Was sind Abschreibungen?

Gegenstände des Anlagevermögens (→ **Bilanz**) erleben durch ihre Nutzung im Betrieb Wertminderungen. Maschinen, Kraftwagen, Grundstücke, Gebäude, Büroeinrichtungen verlieren durch ihre Abnutzung, Verschleiß, technischen Fortschritt oder fallende Preise an Wert. Dieser Umstand muss berücksichtigt werden, wenn im → **Jahresabschluss** die Vermögens- und Ertragslage des Unternehmens korrekte dargestellt werden soll. Der Wert der Vermögensgegenstände wird daher durch Abschreibungen – im Rahmen der gesetzlichen Vorschriften – korrigiert und als Aufwand in der Gewinn- und Verlustrechnung verbucht.

Mit anderen Worten: Abschreibungen stellen eine Wertminderung der Vermögensgegenstände des Anlagevermögens dar. Wird ein LKW z.B. über 5 Jahre von einem Unternehmen eingesetzt, so verliert der LKW als Vermögensgegenstand über die 5 Jahre kontinuierlich an Wert. Nach 5 Jahren aktive Nutzung liegt ein möglicher Verkaufspreis des LKW weit unter dem ursprünglichen Anschaffungswert.

Abschreibungen haben eine sehr hohe Bedeutung, stellen sie doch für ein Unternehmen eine der Stellschrauben zur Anpassung des Unternehmensgewinns oder –Verlusts dar. Je nach Festlegung der Nutzungsdauer eines Wirtschaftsguts sowie der Abschreibungsarten, fällt die Wertminderung in einem Jahr höher oder geringer aus. Dies beeinflusst als Aufwand die → **Gewinn- und Verlustrechnung** und damit die Höhe des Jahresüberschusses (im Volksmund: Gewinn)!

Wichtig!

Möchte ein Unternehmen am Ende des Jahres einen niedrigeren Gewinn ausweisen, als es eigentlich erwirtschaftet hat, so kann es dies durch eine Erhöhung der außerplanmäßigen Abschreibungen realisieren (→ **Bilanzpolitik**).

Nur noch selten findet man hingegen in der Praxis Beispiel, wie sie in der Vergangenheit häufiger vorkamen, wie z.B. Veränderungen der Nutzungsdauern.

Beispiel: Die Nutzungsdauer des oben genannten LKW wird von 5 auf 4 Jahre reduziert, so erhöht sich sofort der Abschreibungsbetrag der noch verbliebenen 4 Jahre. Da die Abschreibungen direkt als Aufwendungen auf die Gewinn- und Verlustrechnung wirken, führen erhöhte Aufwendungen zu einer Reduzierung des ausgewiesenen Jahresüberschusses.

Überhöhte Abschreibungen, wie durch die Annahme kürzerer Lebensdauern, führen zu einer Unterbewertung des Anlagevermögens. In diesem Falle spricht man dann von nicht sichtbaren, so genannten „stillen Reserven"!

Man unterscheidet verschiedene Arten der Abschreibungen:

- Planmäßige Abschreibungen, zu diesen gehören die linearen Abschreibungen, die degressiven Abschreibungen, die Leistungsabschreibungen und die vereinfachte Abschreibung

- Außerplanmäßigen Abschreibungen

Was sind planmäßige Abschreibungen?

Als planmäßige Abschreibungen bezeichnet man die Wertminderungen der abnutzbaren Vermögensgegenstände des Anlagevermögens. Die Abschreibungen stellen eine Verteilung der Anschaffungs- oder Herstellungskosten von Gegenständen dar, deren Nutzung zeitlich begrenzt ist, und werden auf die gesamte Nutzungsdauer des Vermögensgegenstands verteilt. Im Steuerrecht werden planmäßige Abschreibungen als Absetzung für Abnutzung (AfA) bezeichnet.

Gesetzliche Grundlage (§253 Abs. 2 HGB)

Bei Vermögensgegenständen des Anlagevermögens, deren Nutzung zeitlich begrenzt ist, sind die Anschaffungs- oder Herstellungskosten um planmäßige Abschreibungen zu vermindern. Der Plan muss die Anschaffungs- oder Herstellungskosten auf die Geschäftsjahre verteilen, in denen der Vermögensgegenstand voraussichtlich genutzt werden kann.

Es gibt nicht nur Vermögensgegenstände des Anlagevermögens mit zeitlich begrenzter Nutzung, sondern auch welche mit keiner befristeten Nutzungsdauer. Zu diesen gehören beispielsweise Grundstücke, auf denen ein Unternehmen ein Bürogebäude oder eine Lagerhalle errichtet hat. Solche Vermögensgegenstände mit unbegrenzten Nutzungsmöglichkeiten werden nicht abgeschrieben.

Die Gründe für die notwendige Wertminderung der abnutzbaren Anlagegüter sind:

- Die Nutzung der Anlagegüter, wie z.b. der Verschleiß, die Korrosion oder der Substanzabbau (Bergbau, Erdölförderung).
- Der technische Fortschritt, z.b. Rechte und Patente.

Bei den linearen Abschreibungen, einer Methode der planmäßigen Abschreibungen, werden die Anschaffungs- oder Herstellungskosten von Anlagegütern gleichmäßig auf die geschätzte Nutzungsdauer verteilt. Jedes Jahr fallen dadurch die gleichen Abschreibungsbeträge an. Die einfachste zeitliche Abschreibung ist jene, bei der man die Anschaffungs- oder Herstellungskosten durch die Nutzungsdauer teilt und so einen für alle Jahre der Nutzung gleichen Abschreibungsbetrag ermittelt.

Beispiel: Eine Vermögensgegenstand wird im Januar für 2.100 € gekauft und soll 7 Jahre lang genutzt werden. Im ersten Jahr ergibt sich demnach bereits eine Abschreibung von 300 € und ein Restwert des Gegenstands von 1.800 €. Der Restwert errechnet sich aus den Anschaffungskosten von 2.100 € abzüglich der Abschreibungen von 300 €. Man bezeichnet den Restwert auch als Buchwert.

Ende des Jahres	Abschreibung	Buchwert
1	500 €	2.000 €
2	500 €	1.500 €
3	500 €	1.000 €
4	500 €	500 €
5	500 €	0 €

Abbildung 1: Lineare Abschreibung eines Wirtschaftsgutes

Eine zweite Methode der planmäßigen Abschreibungen ist die degressive Abschreibung. Bei dieser werden die Anschaffungs- oder Herstellungskosten eines Anlagegutes mittels sinkender Abschreibungsbeträge auf die Nutzungsdauer verteilt. Im ersten Jahr ist daher die Abschreibung höher und der Buchwert sinkt stärker, als gegen Ende der Nutzungsdauer.

Beispiel: Betrachtet man erneut den Vermögensgegenstand aus dem ersten Beispiel mit den Anschaffungskosten von 2.100 € und einer Nutzungsdauer von 7 Jahren, so kann der Gegenstand auch mit einem degressiven Abschreibungssatz von beispielsweise 20 Prozent in ihrem Wert gemindert werden. Die Abschreibung richtet sich dann jeweils auf den letzten Buchwert multipliziert mit dem ausgewählten Abschreibungssatz in Prozent, so dass die jährlichen Abschreibungsbeträge fallend sind.

Ende des Jahres	Abschreibung	Buchwert
1	750 €	1.750 €
2	525 €	1.000 €
3	300 €	475 €
4	143 €	175 €
5	53 €	33 €

Abbildung 2: Degressive Abschreibung

Der Restwert kann nicht Null werden, daher wird er im letzten Jahr der geschätzten Nutzungsdauer voll abgeschrieben.

Steuerrechtlich ist die Methode der degressiven Abschreibungen nur erlaubt, wenn:

- Der degressive Abschreibungssatz nicht höher als das Dreifache des linearen Abschreibungssatzes ist und

- Der degressive Abschreibungssatz 20 Prozent (30 Prozent bis zum Jahr 2000) nicht übersteigt.

Gerade für die Anfangsjahre nach der Anschaffung oder Herstellung eines Wirtschaftsguts ist die degressive Abschreibung interessanter, da sie höhere Abschreibungsbeträge und damit höhere Refinanizierungs- und vor allem höhere Steuersparpotentiale bietet. Auch Firmen, die ihren aktuellen Jahresüberschuss in der Bilanz geringer ausfallen lassen möchten, als sie wirklich erwirtschaftet haben, profitieren bei der degressiven Abschreibungen von den höheren Abschreibungswerten die die Aufwendungen in der Gewinn- und Verlustrechnung erhöhen und dadurch den Jahresüberschuss reduzieren.

Wichtig!

Die Möglichkeit zum Wechsel zwischen der linearen und degressiven Abschreibungsmethode ist nur beschränkt möglich, weil die Abschreibung den tatsächlichen Wertverlust spiegeln soll und nicht zu noch mehr wirtschaftlichen Vorteilen verhelfen soll. Daher ist nur der Wechsel von der degressiven zur linearen Abschreibung steuerrechtlich erlaubt, der umgekehrte Weg nicht!

Bei der Leistungsabschreibung wird als Kriterium nicht die geschätzte Nutzungsdauer zugrunde gelegt, sondern die tatsächlich nachweisbare Leistung (§7 Abs. 1 Satz 3 EStG) innerhalb des Wirtschaftsjahres.

Beispiel: Ein Unternehmen kauft eine Maschine für 8.000 €. Die geschätzte Gesamtleistung der Maschine beträgt 10.000 Stunden. Im vergangenen Geschäftsjahr hatte die Maschine eine Leistung von 1.500 Stunden. Die Kalkulation der Leistungsabschreibung sieht dann folgendermaßen aus: Kaufpreis x Anteil an Gesamtleistung. Der Anteil der Gesamtleistung liegt dabei bei 1.500 Std./ Jahr geteilt durch die 10.000 Stunden Gesamtleistung, also bei einem Faktor von 15 Prozent. Für das abgelaufene Geschäftsjahr ergibt sich in diesem Beispiel eine Leistungsabschreibung von 15 Prozent des Kaufpreises, folglich von 1.200 €.

Für geringwertige Wirtschaftsgüter gilt die so genannte vereinfachte Abschreibung. Als geringwertige Wirtschaftsgüter zählen selbständig nutzbare Wirtschaftsgüter mit einem Wert unter 410€. Diese können komplett im Jahr der Anschaffung oder Herstellung als Betriebsausgabe abgezogen werden.

Wer bestimmt die Höhe der planmäßigen Abschreibungen?

Die voraussichtliche Nutzungsdauer eines Vermögensgegenstands könnte prinzipiell bei jedem genutzten Gegenstand individuell geschätzt werden. Da der damit verbundene Arbeitsaufwand und die Gefahr möglicher Manipulationen sehr groß ist, hat das Bundesfinanzministerium amtliche Tabellen für die Abschreibungen herausgegeben. Da wie gesehen, im Steuerrecht Abschreibungen als Absetzung für Abnutzung (AfA) bezeichnet werden, heißen diese Tabellen AfA-Tabellen. Anders als bei der Steuerbilanz, dienen AfA Tabellen handelsrechtlich nur der Orientierung.

• Auto / PKW (6 Jahre)	• Golfplätze (20 Jahre)
• Autotelefon, Handy (5 Jahre)	• Heizluftballon (5 Jahre)
• Betonmauer (14 Jahre)	• Hochregallager (15 Jahre)
• Bildschirme (3 Jahre)	• Photovoltaikanlagen (20 Jahre)
• Bierzelte (8 Jahre)	• Sattelschlepper / LKW (9 Jahre)
• Bohrmaschinen, stationär (16 J.)	• Schienenfahrzeuge (25 Jahre)
• Büromöbel (13 Jahre)	• Tennishalle (20 Jahre)
• Computer, PC, Notebook (3 J.)	• Verpackungsmaschinen (13 J.)
• Container, Transport (10 Jahre)	• Windkraftanlage (16 Jahre)
• Druckluftanlage (12 Jahre)	
• Emissionsgeräte (8 Jahre)	

Abbildung 3: AfA Tabelle (Auszug; gültig seit 01.08.2014)

Wichtig!

Eine Abweichung von der in der AfA-Tabelle angegebenen Nutzungsdauer ist zu begründen, z.B. durch sehr intensive Nutzung oder öfteren Austausch des Gutes.

TIPP!

Für alle Arten von Vermögensgegenständen gibt es offizielle Abschreibungssätze auf amtlichen AfA Tabellen die beim Finanzamt erhältlich sind. Im Internet gibt es Auszüge zu mehr als 12.000 Wirtschaftsgütern unter www.steuernetz.de/afa/tabellen/.

Was sind außerplanmäßige Abschreibungen?

Im Gegensatz zu den planmäßigen Abschreibungen, können außerplanmäßige Abschreibungen auf alle Vermögensgegenstände, also auch nicht abnutzbare, angewendet werden.

Gesetzliche Grundlage (§253 Abs. 2 HGB)

...Ohne Rücksicht darauf, ob ihre Nutzung zeitlich begrenzt ist, können bei Vermögensgegenständen des Anlagevermögens außerplanmäßige Abschreibungen vorgenommen werden, um die Vermögensgegenstände mit dem niedrigeren Wert anzusetzen, der ihnen am Abschlussstichtag beizulegen ist; sie sind vorzunehmen bei einer voraussichtlich dauernden Wertminderung.

Solch eine außerplanmäßige Abschreibung kann ihren Grund z.B. darin haben, dass die technische Kapazität einer Maschine überschätzt wurde oder mit einem LKW ein Unfall mit Totalschaden stattfand.

Wichtig!

Wenn ein Unternehmen einen möglichst geringen Jahresüberschuss haben möchte, so helfen schon einfache außerplanmäßige Abschreibungen, um einen Gewinn in einen Fehlbetrag / Verlust zu wandeln. Diese Verluste müssen aber gegenüber der Betriebsprüfung belegbar sein!

Beispiel: Eine Börsenfirma könnte eigentlich einen Gewinn von 50 Mio. € ausweisen. Gibt es nun eine verlustreiche Tochter, deren Firmenwert z.B. mit 250 Mio. € in der Bilanz ausgewiesen ist, so kann das Management im Rahmen einer schlechten Langfristprognose für das Unternehmen eine Wertminderung von beispielsweise 100 Mio. € ansetzten. Damit hätte sich der ursprüngliche Gewinn von 50 Mio. € bereits in einen Verlust von 50 Mio. € gewandelt.

Was ist die Abschreibungsquote?

Die Abschreibungsquote ist eine der klassischen Kennzahlen der Finanz- und → **Bilanzanalyse**. Ihr Ziel ist es, ein Urteil über die Wachstumstendenzen eines Unternehmens sowie das durchschnittliche Alter des Sachanlagevermögens zu gewinnen. Hierzu berechnet man:

$$\text{Abschreibunsquote für Sachanlagen} = \frac{\text{Kummulierte Abschreibungen}}{\text{historische Anschaffungskosten}} \times 100 = x\,\%$$

Die Abschreibungsquote besagt, wie modern das Sachanlagevermögen ist. Liegt die Quote z.B. bei dem sehr schlechten Wert von 90%, dann wurden die vorhandenen Anlagen bereits fast vollständig abgeschrieben. Die Vermutung liegt also nahe, dass das Unternehmen nur noch über veraltete Anlagen verfügt. Umgekehrt wird ein Wert von 40% als sehr gut bezeichnet. Dieser besagt quasi, dass bisher nur 40% aller Anschaffungskosten in der Gewinn- und Verlustrechnung berücksichtigt wurden. Entweder sind die Anlagen noch sehr modern, oder das Unternehmen hat sehr lange Abschreibungszeiträume gewählt.

Tipp!

Die Daten zur Berechnung der Abschreibungsquote für Sachanlagen findet man im Anlagenspiegel des Jahresabschlusses.

Während die Abschreibungsquote für Sachanlagen eine Betrachtung über mehrere Jahre darstellt, dient die so genannten jährliche Abschreibungsquote der alleinigen Betrachtung des letzten Geschäftsjahres.

$$\text{Jährliche Abschreibungsquote} = \frac{\text{Abschreibungen auf Sachanlagen}}{\text{Umsatzerlöse}} \times 100 = x\,\%$$

Diese Kennzahl gibt an, wie viel Prozent des Umsatzes im letzten Geschäftsjahr für Abschreibungen aufgewendet werden. Interessant ist sie, da wie oben schon erwähnt Abschreibungen ein Instrument der → **Bilanzpolitik** darstellen. Ist die jährliche Abschreibungsquote nun im Vergleich zu den Vorjahren besonders hoch, so kann dies zwei Gründe haben: Erstens wurde wirklich im letzten Jahr intensiv in neue Sachanlagen investiert, oder zweitens, Gewinne wurden im Rahmen der Bilanzpolitik geglättet.

2 Anhang des Jahresabschlusses

Die Analyse eines Jahresabschlusses („Bilanzanalyse") benötigt die Daten aus dem so genannten Anhang des Jahresabschlusses. Erst diese Informationen ermöglichen eine profunde Analyse des Abschlusses und eine Bewertung der wirtschaftlichen und finanziellen Lage eines Unternehmens.

Warum hat der Jahresabschluss einen Anhang?

Zum → **Jahresabschluss** einer → **Kapitalgesellschaft** gehört zwingend auch der Anhang. Dies regelt § 264 HGB:

Rechtliche Grundlage: §264 Abs. 1 HGB

Die gesetzlichen Vertreter einer Kapitalgesellschaft haben den Jahresabschluss (§242) um einen Anhang zu erweitern, der mit der Bilanz und der Gewinn- und Verlustrechnung eine Einheit bildet, sowie einen Lagebericht aufzustellen.

Der Anhang hat die Funktion, wichtige ergänzende Informationen zu der → **Bilanz** und der → **Gewinn- und Verlustrechnung (GuV)** zu geben. Dies dient der Übersicht über die wirtschaftliche Lage. So gilt es zum Beispiel, dass einzelne Posten, die in einer Bilanz nicht ausgewiesen werden (wie z.B. Haftungsverhältnisse), dann jedoch im Anhang darzulegen sin.

Wichtig!

Die Bilanz und die Gewinn- und Verlustrechnung stellen die wirtschaftliche Lage nur in einer hohen Verdichtung und oft nur unvollkommen dar. Der Anhang erst erlaubt eine detailliertere Einsicht in die Unternehmenslage und die kritische Analyse des Jahresabschlusses.

→ **Personengesellschaften** brauchen je nach Unternehmensgröße keinen Anhang aufzustellen. Möchte eine Personengesellschaft allerdings freiwillig einen Anhang aufstellen, kann sie dies ungehindert machen. Die geltenden Grundsätze über Aufbau und Inhalt eines Anhangs können dabei als Orientierung gelten.

Welche Inhalte hat der Anhang eines Jahresabschlusses?

Der Anhang hat die Aufgabe, einem Bilanzleser den Erkenntniswert der Bilanz und der Gewinn- und Verlustrechung zu verbessern, und zwar dadurch, dass er die Bilanz und die GuV erläutert. Dies regelt §284 HGB:

Rechtliche Grundlage: §284 HGB

In den Anhang sind diejenigen Angaben aufzunehmen, die zu den einzelnen Posten der Bilanz oder der Gewinn- und Verlustrechnung vorgeschrieben oder die im Anhang zu machen sind, weil sie in Ausübung eines Wahlrechts nicht in die Bilanz oder in die Gewinn- und Verlustrechnung aufgenommen wurden.

Um die allgemeine Informationspflicht zu erfüllen, hat der Anhang mehrere Einzelfunktionen:

- Erläuterung: Im Anhang ist das durch die Bilanz und die Gewinn- und Verlustrechnung vermittelte finanzielles Bild zu verdeutlichen und gegebenenfalls zu begründen.

- Entlastung: Nicht alle im HGB vorgeschriebenen Bilanzpositionen sind direkt in der Bilanz oder der Gewinn- und Verlustrechnung auszuweisen, sondern können erst im Anhang gemacht werden. Die Bilanz und die Gewinn- und Verlustrechnung werden dadurch überschaubarer und übersichtlicher.

- Relativierung: Das HGB erlaubt bestimmte Bilanzierungs- und Bewertungswahlrechte (→ **Bilanzpolitik**). Durch die Angaben im Anhang können diese Wahlrechte identifiziert werden. Dies fördert die Transparenz über die „wahre" wirtschaftliche Lage.

- Ergänzung: Im Anhang werden auch solche Sachverhalte erläutert, die – obwohl nicht bilanzierungsfähig – wichtig für die Beurteilung der wirtschaftlichen Lage sind.

Wichtig!

Die Analyse eines Jahresabschlusses benötigt dringend den so genannten Anhang. Ansonsten ist man nicht in der Lage, die wirtschaftliche Lage des Unternehmens kritisch zu erfassen und zu beurteilen.

Diverse Paragraphen des HGB – allen voran §§ 284 und 285 – regeln, welche konkreten Informationen ein Anhang beinhalten muss, wie beispielsweise:

- Angaben zu den angewendeten Bilanzierungs- und Bewertungsmethoden (§284 Abs. 2 Nr. 1 HGB).

- Angabe und Begründung von Änderungen der Bilanzierungs- und Bewertungsmethoden. Darstellung des Einflusses von Bewertungsänderungen auf die Vermögens-, Finanz- und Ertragslage des Unternehmens (§284 Abs. 2 Nr. 3 HGB).

- Grundlagen der Währungsumrechnung (§284 Abs. 2 Nr. 2 HGB).

- Angaben über die Einbeziehung von Zinsen für Fremdkapital in die Herstellungskosten (§284 Abs. 2 Nr. 5 HGB).

- Gesamtbetrag der bilanzierten Verbindlichkeiten mit einer Restlaufzeit von mehr als fünf Jahren (§285 Nr. 1 HGB).

- Gesamtbetrag gesicherter Verbindlichkeiten unter Angabe von Art und Form der Sicherheiten (§285 Nr. 1 HGB).

- Aufgliederung der Umsatzerlöse (nicht des Gewinns) nach Tätigkeitsbereichen (Produkte oder Firmenbereiche) sowie nach geographisch bestimmten Märkten, wie Regionen oder Tochtergesellschaften (§285 Nr. 4 HGB).

- Bei Anwendung des Umsatzkostenverfahrens (→ **Gewinn- und Verlustrechnung)** Angabe des Personal- und Materialaufwands gegliedert nach § 275 Abs. 2 HGB (§285 Nr. 8 HGB).

- Übersicht über die durchschnittliche Zahl der während des Geschäftsjahres beschäftigten Arbeitnehmer getrennt nach Gruppen (§285 Nr. 7 HGB); die Gruppierung kann dabei z.B. nach Teilzeit / Vollzeit, Qualifikation / Abschluss, Alter (Lebensalter / Betriebszugehörigkeit), Funktionen oder Geschlecht stattfinden.

- Alle vollständigen Namen der Mitglieder der Geschäftsführung und des Aufsichtsratsvorsitzenden (§285 Nr. 9 HGB).

- Aufstellung aller Gesamtbezüge (Gehälter, Gewinnbeteiligungen, Bezugsrechte, Aufwandsentschädigungen etc.) aller Geschäftsführungsmitglieder und des Aufsichtsratsvorsitzenden sowie die Gesamtbezüge der früheren Mitglieder der Geschäftsführung und des Aufsichtsrats (§285 Nr. 9a und 9b HGB).

• Angaben zu gewährten Vorschüssen und Krediten gegenüber Mitgliedern der Geschäftsführung, des Aufsichtsrats, des Beirats oder ähnlicher Einrichtungen(§285 Nr. 9c HGB).

• Auflistung aller wesentlichen Beteiligungen (im Sinne von §271 HGB) mit Angabe der Anteile, des Eigenkapitals und des Ergebnisses des letzten Geschäftsjahres bzw. Hinweis darauf, bei welchem Amtsgericht diese Aufstellung hinterlegt wurde (§285 Nr. 10 HGB).

• Erläuterungen zu Rückstellungen, die in der Bilanz unter dem Posten der sonstigen Rückstellungen nicht gesondert ausgewiesen wurden, aber einen nicht unerheblichen Umfang haben (§285 Nr. 12 HGB).

• Nennung der Gründe für die planmäßige Abschreibung von Geschäfts- oder Firmenwerten nach §255 HGB (§285 Nr. 13 HGB).

• Angaben zu dem Namen und Sitz des Mutterunternehmens.

• Zusätzliche Angaben, wenn der Jahresabschluss trotz Anwendung der Grundsätze ordnungsgemäßer Buchführung kein den tatsächlichen Verhältnissen entsprechendes Bild vermittelt (§264 Abs. 2 Satz 2 HGB).

• Angaben, wenn Beträge der Bilanz sowie der Gewinn- und Verlustrechnung nicht mit den Vorjahresbeträgen vergleichbar sind (§265 Abs. 2 Satz 2 HGB).

• Gesonderter Ausweis von den Posten, die in der Bilanz oder Gewinn- und Verlustrechnung aus Gründen der Klarheit zusammengefasst wurden (§265 Abs. 7 Nr. 2 HGB).

• Angaben zu Geschäften, die nicht zu marktüblichen Bedingungen zustande gekommenen und soweit sie wesentlich sind, mit nahe stehenden Unternehmen und Personen, einschließlich Angaben zur Art der Beziehung, zum Wert der Geschäfte sowie weiterer Angaben, die für die Beurteilung der Finanzlage notwendig sind. Ausgenommen sind Geschäfte mit und zwischen mittel- oder unmittelbar in 100-prozentigem Anteilsbesitz stehenden in einen Konzernabschluss einbezogenen Unternehmen (§285 Abs. 21 HGB).

3 Aufwandskennzahlen

Bei den Aufwandskennzahlen handelt es sich um verschiedene Kennzahlen zur Analyse der → **Gewinn- und Verlustrechnung**. Zu den klassischen Aufwandskennzahlen zählen die Personal-, die Material- und die Zinsaufwandsquote

Was versteht man unter einer Personalaufwandsquote?

Die Personalaufwandsquote wird als Verhältnis des Personalaufwandes zur Gesamtleistung in Form der Umsatzerlöse gemessen.

$$\text{Personalaufwandsquote} = \frac{\text{Personalaufwand}}{\text{Umsatzerlöse}} \times 100 = x\,\%$$

Als Personalaufwand bezeichnet man dabei die Summe aller Gehälter und Löhne, soziale Abgaben sowie die Aufwendungen für Altersversorgungen für alle eigenen Mitarbeiter und Mitarbeiterinnen eines Unternehmens. Das heißt hierin laufen auch die Kosten für leitende Angestellte, die Geschäftsführer / Vorstände sowie Halbtageskräfte. Nicht eingerechnet werden nur die Personalkosten für externe Dienstleister und Leiharbeiter.

Tipp!

Die Personalaufwandsquote ist gerade bei Diskussionen um zu hohe Personalkosten ein mögliches Mittel für Gegenargumente.

Während absolut gestiegene Personalaufwendungen noch manchem Arbeitgeber als Beleg für zu hohe Personalkosten gelten können, erlaubt die Personalaufwandsquote den objektiveren Vergleich z.B. zum Vorjahr. Erst in einem direkten Vergleich zwischen einem gesteigerten Personalaufwand mit einem gesteigerten Umsatz lässt sich erkennen, ob die erhöhten Personalaufwendungen durch den Mehrumsatz oder aber wirklich aus höheren Löhnen und sozialen Abgaben resultierten. Die Personalaufwandsquote kann auch aus monatlichen Gewinn- und Verlustrechnungen (der so genannten monatlichen oder kurzfristigen Erfolgsrechnung) errechnet werden.

Ein weiterer Grund für die hohe Bedeutung der Personalaufwandsquote liegt darin, dass der Personalaufwand für die meisten Unternehmen Fixkosten darstellt und somit problematisch ist, wenn die Umsatzerlöse sinken.

Tipp!

Eine Bewertung der Personalaufwandsquote ist nur branchenspezifisch möglich!

Mit anderen Worten: Hier sollten nur Unternehmen mit den gleichen Tätigkeiten in der gleichen Branche miteinander verglichen werden. Der Grund hierfür ist, dass z.B. Dienstleister, wie Handwerker oder Anwälte, ihre Leistungserbringung nur durch Menschen generieren, während Industrieunternehmen seit der Industrialisierung die menschliche Arbeit durch Maschinen ersetzen. Tendenziell aber kann man sagen, dass bei Dienstleistungsunternehmen eine Personalaufwandsquote von 60 Prozent eher gut ist (70 Prozent noch akzeptabel), während bei Industrieunternehmen eher eine Quote von 30 Prozent als Zielgröße anzusehen ist.

Was bezeichnet die Materialaufwandsquote?

Analog der Personalaufwandsquote lässt sich auch die Materialsaufwandsquote als Verhältnis zwischen dem Materialaufwand und den Umsatzerlösen mal 100 errechnen.

$$\text{Material-}\\\text{aufwandsquote} = \frac{\text{Materialaufwand}}{\text{Umsatzerlöse}} \times 100 = x\,\%$$

Die Materialaufwandsquote ist traditionell im Handel sehr hoch, da hier große Vorräte an Waren gelagert werden, während die Quote bei Dienstleistungsunternehmen meist sehr niedrig ist.

Was charakterisiert die Zinsaufwandsquote?

Die Zinsaufwandsquote ähnelt in ihrer Berechnung den vorangegangenen Aufwandskennzahlen. Als Zinsaufwand nimmt man dabei die Position „Zinsen und ähnliche Aufwendungen" aus der jährlichen oder quartalsweisen Gewinn- und Verlustrechnung oder der monatlichen Erfolgsrechnung.

Zins-aufwandsquote	=	$\dfrac{\text{Zinsaufwand}}{\text{Umsatzerlöse}}$	x 100 = x %

Die Zinsaufwandsquote hat ihre Bedeutung vor allem im Hinblick auf die Finanzierung eines Unternehmens. Je größer diese Quote ist, desto mehr muss das betroffene Unternehmen für Fremdkapitalzinsen bezahlen und desto abhängiger ist es von Fremdkapitalgebern (z.b. Banken, ähnliche Kreditinstituten oder Muttergesellschaften).

Tipp!

Interessant ist die Zinsaufwandsquote besonders im Vergleich mit der Eigenkapitalquote (→ **Kapital**)!

Eine hohe Zinsaufwandsquote bedeutet auch, dass ein großer oder sogar der größte Teil des Umsatzes direkt für die Kosten des Fremdkapitals verbraucht werden. Damit bleibt wenig zur Deckung des Personal- und Materialaufwands. Bricht der Umsatz dann in Zukunft ein, so birgt dies ein hohes Risiko für das Unternehmen, da die Fremdkapitalzinsen auch bei Verlusten anfallen. Zudem indiziert eine hohe Zinsaufwandsquote eine hohe Liquiditätsbindung und Einschränkungen in der unternehmerischen Selbständigkeit.

Es gibt keine klassischen Vergleichswerte für die Zinsaufwandsquote, doch sprechen manche Experten davon, dass eine Quote von 10 Prozent bei anlagenintensiven Unternehmen noch akzeptabel sein. Eine höhere Quote muss zudem nicht gleich negativ sein: Sie kann z.B. aus einer besonderen Investition in die Zukunft, wie z.B. in neue Maschinen oder die Übernahme eines Wettbewerbers, resultieren, für die aktuell vermehrt Fremdkapital benötigt wurde.

Gibt es noch weitere Aufwandskennzahlen?

Neben den bisher aufgezeigten Aufwandskennzahlen, die vorwiegend aus der → **Bilanzanalyse** stammen, existieren noch weitere für das Management relevante Kennzahlen. Diese sollen in der folgenden Übersicht kurz vorgestellt werden:

Aufwandskennzahl	Berechnung	Aussage
Mitarbeiterleistung	Umsatz / Mitarbeiterzahl	Produktivität der Mitarbeiter. Dieser Kennzahl ist sehr branchenabhängig.
Lohn pro Mitarbeiter	Personalaufwand / Mitarbeiteranzahl	Entwicklung der Löhne, Kontrolle über die Einhaltung von Tarifvereinbarungen
Auftragsbestand	Auftragsbestand in Euro / Menge	Sicherheit der zukünftigen Leistungserbringung und Beschäftigung
Krankenstand	Anzahl Krankentage aller Mitarbeiter / Anzahl Arbeitstage aller Mitarbeiter	Überforderung, ungesunde Arbeitsbedingungen, schlechtes Betriebsklima
Fluktuation	Anzahl abgegangener Mitarbeiter / Anzahl aller Mitarbeiter	Schleichender Personalabbau, schlechte Personalentwicklung oder Betriebsklima

Abbildung 4: Aufwandskennzahlen

4 Bilanz

Was ist eine Bilanz?

Die Bilanz ist eine Gegenüberstellung von Vermögen und Kapital zu einem bestimmten Stichtag, dem letzten Tag eines Geschäftsjahres. Sie lässt damit auf einen Blick erkennen, woher das Unternehmen sein Kapital hat (Mittelherkunft) und wo es im einzelnen angelegt worden ist (Mittelverwendung). Nach § 242 HGB ist die Bilanz zudem ein Bestandteil des → **Jahresabschluss.**

Gesetzliche Grundlage (§242 Abs. 1 HGB)

Der Kaufmann hat zu Beginn seines Handelsgewerbes und für den Schluss eines jeden Geschäftsjahrs einen das Verhältnis seines Vermögens und seiner Schulden darstellenden Abschluss (Eröffnungsbilanz, Bilanz) aufzustellen.

Gesetzliche Grundlage (§242 Abs. 3 HGB)

Die Bilanz und die Gewinn und Verlustrechnung bilden den Jahresabschluss.

Dieser letzte Aspekt wird für Kapitalgesellschaften noch erweitert, indem auch der Anhang und teilweise auch der Lagebericht für eine Kapitalgesellschaft zwingend notwendig sind (§ 264 HGB).

Welche Arten von Bilanzen gibt es?

Die Betriebswirtschaft unterscheidet verschiedene Arten von Bilanzen:

- Handelsbilanz

- Steuerbilanz

- Liquiditätsbilanz

- Sonderbilanzen

Für die Handelsbilanz setzten das Handelsgesetzbuch (HGB), die nirgends festgeschriebenen, aber allgemein anerkannten Grundsätze ordnungsmäßiger Buchführung und Bilanzierung (GoB) sowie das Aktiengesetz die Grenzen. Die handelsrechtliche Bilanz legt für die breite Öffentlichkeit die Übersicht über das Vermögen, die Schulden und das Eigenkapital eines Unternehmens offen.

Wichtig!

In einem Jahresabschluss wird grundsätzlich die Handelsbilanz ausgewiesen.

Seit 2005 gilt aber, dass alle Unternehmen, die am so genannten Kapitalmarkt tätig sind, ihren → **Konzernabschluss** nach dem internationalen Rechnnungslegungsstandard IFRS (→ **internatonale Rechnungslegungsstandards**) erstellen müssen. Am Kapitalmarkt tätig sind dabei all jenen Konzerne, die entweder Anleihen, Aktien oder andere Wertpapiere über den Kapitalmarkt (z.B. Börse) handeln.

Dies betrifft aber nicht für den individuellen Jahresabschluss eines Unternehmens bzw. eine Konzerntochtergesellschaft. Das einzelne Unternehmen muss weiterhin seinen HGB Abschluss erstellen.

Die Steuerbilanz basiert auf dem Einkommensteuergesetz (EStG) und den ergänzenden Steuerverordnungen. Sie basiert grundsätzlich auf der Handelsbilanz, wenn nicht besondere steuerrechtliche Vorschriften zu beachten sind. Mit anderen Worten: Wenn keine besonderen Vorschriften eingreifen, so sind Handels- und Steuerbilanz identisch. Daher haben Unternehmen auch nur dann eine separate Steuerbilanz aufzustellen, wenn Abweichungen zwischen den steuerrechtlichen und handelsrechtlichen Vorschriften auftreten (§60 Abs. 2 EStDV).

Die Liquiditätsbilanz wird nur dann erstellt, wenn ein Unternehmen seine Zahlungsfähigkeit prüfen möchte. Im Gegensatz zu der Handelsbilanz werden die Vermögenswerte der Liquiditätsbilanz mit ihren Liquidationswerten angesetzt, also so, als wenn das Unternehmen aufgelöst würde. Gleichzeitig werden die Vermögensposten nach dem Grad ihrer Liquidierbarkeit, also der Möglichkeit der Veräußerung bzw. Verkäuflichkeit, und die Schulden nach ihrer Fälligkeit gegliedert.

Aufgrund besonderer Anlässe, wie der Gründung eines Unternehmens, Fusion, Umwandlung, Vergleich oder Konkurs, können weitere, periodisch nicht regelmäßig wiederkehrende Sonderbilanzen erstellt werden.

Worauf ist bei der Erstellung einer Bilanz zu achten?

Bei der Erstellung einer Handelsbilanz hat ein Unternehmen auf verschiedene Regelungen zu achten. Neben den gesetzlichen Vorgaben aus dem Handelsgesetzbuch gelten die Grundsätze ordnungsgemäßer Buchführung und Bilanzierung (GoB) die nur zum Teil gesetzlich dokumentiert sind. Beispiele dieser GoB sind:

- **Vorsichtsprinzip:** Das Vorsichtsprinzip besagt, dass die im Jahresabschluss anzusetzenden Werte vorsichtig ermittelt werden müssen (§252 Abs. 1 Nr. 4 HGB). Zu dem Vorsichtsprinzip gehören eine Reihe weiterer Prinzipien, wie z.B. das so gennante Imparitätsprinzip, nach dem nicht realisierte Gewinne im Jahresabschluss nicht ausgewiesen werden dürfen, nicht realisierte Verluste dagegen ausgewiesen werden müssen.

- **Niederstwertprinzip:** Das Niederstwertprinzip existiert in der gemilderten und in der strengen Form. Das strenge Niederstwertprinzip (§ 253 Abs. 3 HGB) gilt für das Umlaufvermögen und bedeutet, dass sowohl dauerhafte und vorübergehende Wertminderungen zu berücksichtigen sind. Für das Anlagevermögen gilt das gemilderte Niederstwertprinzip (§253 Abs. 2 HGB). Dieses besagt, dass lediglich dauerhafte Wertminderungen für das Anlagevermögen zu berücksichtigen sind. Grund für das Niederstwertprinzip ist der Schutz der Gläubiger, so dass immer die möglichst niedrigsten und damit sichersten Vermögenswerte in der Bilanz stehen.

- **Bilanzidentität und Bilanzwahrheit:** In dem Grundsatz der Bilanzidentität wird gefordert, dass die Schlussbilanz eines Geschäftsjahres mit der Eröffnungsbilanz des darauf folgenden Geschäftsjahres identisch sein muss. Der Grundsatz der Bilanzwahrheit fordert einen richtigen Ausweis des Vermögens und des Kapitals. Das heißt, es dürfen keine falschen Angaben gemacht werden.

Ferner gibt es die Grundsätze der Vollständigkeit sowie der Klarheit und Übersichtlichkeit. So verlangt der Grundsatz der Vollständigkeit, dass alle relevanten Positionen im Jahresabschluss enthalten sein müssen. Der Grundsatz der Klarheit und Übersichtlichkeit fordert weiter, dass sich jeder Interessent leicht in einem Jahresabschluss zurechtfinden muss. Aus diesem Grunde ist für die Bilanz und die Gewinn- und Verlustrechnung der Kapitalgesellschaften ein eindeutiges Gliederungsschema vorgeschrieben.

Gesetzliche Grundlage (§247 Abs. 1 HGB)

In der Bilanz sind das Anlage- und das Umlaufvermögen, das Eigenkapital, die Schulden sowie die Rechnungsabgrenzungsposten gesondert auszuweisen und hinreichend aufzugliedern.

Für Kapitalgesellschaften gilt eine Gliederung der Bilanz gemäß §266 HGB. Demnach ist die Bilanz in der Kontoform zu erstellen, die – wie bei der doppelten Buchführung – auf der linken Seite die Aktiva (Mittelverwendung) und auf der rechten Seite die Passiva (Mittelherkunft) darstellt.

Aktiva (Mittelverwendung)	Passiva (Mittelherkunft)
I. Anlagevermögen II. Umlaufvermögen	I. Eigenkapital II. Fremdkapital (Schulden)
= Vermögen (Bilanzsumme)	= Kapital (Bilanzsumme)

Abbildung 5: Aufbau einer Bilanz

Beispiel: Ein Unternehmen kauft einen LKW zu 60.000€. Die Hälfte wird per Bankkredit (Schulden) finanziert, die andere Hälfte erfolgt aus eigenem Kapital. Wenn das Unternehmen keine weitere Vermögenswerte hätte, ergäbe sich die folgende Bilanz:

Aktiva (Mittelverwendung)	Passiva (Mittelherkunft)
I. Anlagevermögen: LKW 60.000€	I. Eigenkapital: 30.000€ II. Fremdkapital: Bankkredit 30.000€
= Vermögen (Bilanzsumme): 60.000€	= Kapital (Bilanzsumme): 60.000€

Wie in dem Beispiel ersichtlich, ist die Summe des Vermögens gleich hoch wie die Summe des Kapitals. Dies muss so sein! Eine Bilanz hat stets eine ausgeglichene Aktivseite und Passivseite, beide ergeben in der Summe die gleiche Bilanzsumme. Dieser Grundgedanke findet sich bereits in der Herkunft des Begriffs „Bilanz", der aus dem italienischen „Bilancia" kommt und Waage bedeutet. Die Bilanz befindet sich mit den Bilanzsummen stets im Gleichgewicht.

Das Handelsgesetzbuch (HGB) gibt im §266 Abs. 2 und 3 HGB weitere Details für die Gliederung der einzelnen Bilanzpositionen vor. Für die Aktivseite (Aktiva), also die Seite des Vermögens (→ **Vermögen**) ergibt sich dabei folgende Struktur:

A. Anlagevermögen:

I. Immaterielle Vermögensgegenstände:
1. Konzessionen, gewerbliche Schutzrechte und ähnliche Rechte und Werte...;
2. Geschäfts- oder Firmenwert;
3. geleistete Anzahlungen;

II. Sachanlagen:
1. Grundstücke, grundstücksgleiche Rechte und Bauten
2. technische Anlagen und Maschinen
3. andere Anlagen, Betriebs- und Geschäftsausstattung
4. geleistete Anzahlungen und Anlagen im Bau

III. Finanzanlagen:
1. Anteile an verbundenen Unternehmen
2. Ausleihungen an verbundene Unternehmen
3. Beteiligungen
4. Ausleihungen an Unternehmen, mit denen ein Beteiligungsverhältnis besteht
5. Wertpapiere des Anlagevermögens
6. sonstige Ausleihungen

B. Umlaufvermögen:

I. Vorräte:
1. Roh-, Hilfs-, und Betriebsstoffe
2. unfertige Erzeugnisse
3. fertige Erzeugnisse und Waren
4. geleistete Anzahlungen

II. Forderungen und sonstige Vermögensgegenstände:
1. Forderungen aus Lieferungen und Leistungen
2. Forderungen gegen verbundene Unternehmen
3. Forderungen gegen Unternehmen, mit denen ein Beteiligungsverhältnis besteht
4. sonstige Vermögensgegenstände

III. Wertpapiere:
1. Anteile an verbundenen Unternehmen.
2. eigene Anteile
3. sonstige Wertpapiere

IV. Schecks, Kassenbestand, Bundesbank- u. Postgiroguthaben, Guthaben bei Kreditinstituten

C. Rechnungsabgrenzungsposten

Abbildung 6: Gliederung der Aktivseite einer Bilanz

Für die Passivseite, also die Seite der Mittelherkunft (→ **Kapital**), sieht die gesetzliche Struktur wie folgt aus:

A. Eigenkapital:

I. Gezeichnetes Kapital

II. Kapitalrücklage

III. Gewinnrücklage
1. gesetzliche Rücklage
2. Rücklage für eigene Anteile
3. satzungsmäßige Rücklagen
4. andere Gewinnrücklagen

IV. Gewinnvortrag/Verlustvortrag

V. Jahresüberschuss/Jahresfehlbetrag

B. Rückstellungen:
1. Rückstellungen für Pensionen und ähnliche Verpflichtungen
2. Steuerrückstellungen.
3. sonstige Rückstellungen

C. Verbindlichkeiten:
1. Anleihen, davon konvertibel
2. Verbindlichkeiten gegenüber Kreditinstituten
3. erhaltene Anzahlungen auf Bestellungen
4. Verbindlichkeiten aus Lieferungen und Leistungen
5. Verbindlichkeiten aus der Annahme gezogener Wechsel und der Ausstellung eigener Wechsel
6. Verbindlichkeiten gegenüber verbundenen Unternehmen
7. Verbindlichkeiten gegenüber Unternehmen, mit denen ein Beteiligungsverhältnis besteht
8. sonstige Verbindlichkeiten

D. Rechnungsabgrenzungsposten

Abbildung 7: Gliederung der Passivseite einer Bilanz

Die konkreten Bestandteile und Details zu den einzelnen Positionen des → **Vermögens** und des → **Kapitals** werden in separaten Kapiteln ausführlich besprochen.

Welche Freiräume gewährt eine Bilanz?

In der Festlegung der einzelnen Bilanzpositionen gibt es eine Reihe von gesetzlich möglichen Freiräumen, die ein Unternehmen in Anspruch nehmen kann. Es geht dabei um das Interesse des Unternehmens, gegenüber den Lesern einer Bilanz (z.B. Beschäftigte, Aktionäre, Gläubiger) einen bestimmten Eindruck hervorzurufen. Diese Freiräume finden Niederschlag in der → **Bilanzpolitik**.

Tipp!

Zur Analyse der Bilanz empfehlen sich die Instrumente der → **Bilanzanalyse**.

---

5 Bilanzanalyse

Was versteht man unter Bilanzanalyse?

Die Bilanzanalyse – oder korrekter die Jahresabschlussanalyse – dient der systematischen Analyse und Verarbeitung des Informationspotentials des → **Jahresabschlusses**. Es gilt, Einsichten und Erkenntnisse über die „wahre" wirtschaftliche Lage und Zukunftsaussichten eines Unternehmens zu erlangen. Der originäre Jahresabschluss beantwortet diese Fragen auf den ersten Blick nicht ohne weiteres. Die → **Bilanzpolitik** erschwert es jedem, eine objektive Aussage aus dem Jahresabschluss zu erhalten.

So unterschiedlich die Informationsbedürfnisse der verschiedenen Interessengruppen, wie z.B. Aktionäre, Beschäftigte, Kunden, Lieferanten und Banken auch seinen mögen, ihre Fragen konzentrieren sich gemeinsam auf folgende Problemstellungen der Analyse: die Fähigkeit Gewinne zu erzielen (Ertragskraft), die Stabilität und Solidität der Finanzierung (Liquidität), die Stärken und Schwächen zur Einschätzung der Erfolgspotentiale sowie die gesellschaftlichen Konsequenzen ihrer Aktivitäten, Erfolge und Misserfolge für Lieferanten, Kunden und vor allem für die Arbeitnehmer.

Der erste Schritt der Bilanzanalyse besteht aus der Aufbereitung des Zahlenmaterials und Erstellung einer Strukturbilanz. Durch Bereinigung, Umbewertung, Saldierungen, Aufspaltungen, Umgruppierung und Verdichtung werden die einzelnen Positionen der Bilanz und der Gewinn- und Verlustrechnung in eine neutralisierte Strukturbilanz überführt, die als Basis für die spätere Kennzahlenrechnung dient.

Tipp!

Bereits in dieser frühen Phase der Bilanzanalyse erlaubt eine ausführliche Betrachtung der Bilanz, trotz der erwähnten Bilanzpolitik, einige erste Eindrücke von einem Unternehmen. Zu diesen gehören z.B.: Nahm das Vermögen zu oder ab? Hat das Unternehmen überhaupt noch Eigenkapital und wie entwickelte sich dieses in den letzten beiden Jahren? Gab es im letzten Jahr einen Jahresüberschuss oder –fehlbetrag?

Ein besonderes und effizientes Instrument zur Auswertung der gesammelten Jahresabschlussdaten ist die Bildung von Kennzahlen. Unter Kennzahlen versteht man dabei hochverdichtete Maßgrößen, die in einer konzentrierten Form komplizierte Strukturen und Prozesse abbilden, um einen möglichst schnellen und umfassenden Überblick über die wirtschaftliche Lage eines Unternehmens zu erhalten. Sie machen Sachverhalte sichtbar, die anders nicht sofort zu erkennen sind, wie z.B. die Rentabilität eines Unternehmens. Sie erhöhen ferner die Transparenz und helfen, die finanzielle und wirtschaftliche Situation eines Unternehmens, auch im Vergleich zu anderen Unternehmen innerhalb oder außerhalb der Branche, zu beurteilen.

Wichtig!

Aber Vorsicht: Kennzahlen stellen nur ein Momentaufnahme des Unternehmens dar. So wie jede Bilanz an sich nur eine vergangenheitsorientierte Betrachtung ist, ist der Aussagewert der Kennzahlen zeitgebunden. Sie beziehen sich lediglich auf die Situation des Betriebes am Bilanzstichtag. Die Werte können sich seit dem Stichtag des Jahresabschlusses und der Auswertung weit verändert haben. Dennoch sind Kennzahlen ein äußerst geeignetes Mittel zur Untersuchung und Bewertung von Unternehmen. Die Kunst liegt vielmehr darin, die jeweils zweckmäßigen Kennzahlen auszuwählen und richtig zu interpretieren.

Wie analysiert man die Kapitalseite einer Bilanz?

Die Analyse der Kapitalstruktur (→ **Kapital**) auf der Passivseite zielt vor allem auf die Fragestellung, in welchem Verhältnis Eigenkapital und Fremdkapital zueinander stehen. Zeigt die Passivseite eines Unternehmens eine Unterdeckung an Eigenkapital auf, so hat dies gravierende Auswirkungen auf die Bonität (→ **Kreditwürdigkeit**) und langfristige Existenzsicherung. Daher ist die wichtigste Kennzahl über die Kapitalstruktur die so genannte Eigenkapitalquote. Sie wird wie folgt definiert:

$$\text{Eigenkapitalquote} \quad = \quad \frac{\text{Eigenkapital}}{\text{Gesamtkapital}} \quad \times \ 100 \ = \ x \ \%$$

Die Eigenkapitalquote zeigt den Anteil des Eigenkapitals am Gesamtkapital.

Wichtig!
Die finanzielle Lage eines Unternehmens ist umso stabiler, je höher der Eigenkapitalanteil ist.

Eigene Mittel stehen dem Unternehmen auf Dauer zur Verfügung, während für das Fremdkapital unaufschiebbare Zins- und Tilgungsverpflichtungen bestehen. Ein hoher Eigenkapitalanteil garantiert die unternehmerische Dispositionsfreiheit und weitgehende Unabhängigkeit von Kreditgebern (z.B. Banken). Aus Sicht der Gläubiger stellt das Eigenkapital Haftungskapital dar. Je größer das Eigenkapital ist, desto besser sind die Gläubiger vor Verlusten geschützt.

Vorteile einer hohen EK Quote	Nachteile einer hohen EK Quote
Gute Kreditwürdigkeit	Keine optimale Anlage, wenn das Eigenkapital nicht hoch genug verzinst wird
Hohe Unabhängigkeit von Banken und weiteren Kreditgebern	
Geringer Zinsaufwand für Verbindlichkeiten	Zwang zur guten Verzinsung durch Verzinsungsanspruch der Gesellschafter
Bessere Liquidität durch geringeren Kapitaldienst	

Abbildung 8: Vor- und Nachteile einer hohen Eigenkapitalquote

Ableitend aus den Vor- und Nachteilen einer hohen EK Quote definiert man als gesunde Eigenkapitalquote einen Wert von ca. 50%. Doch aktuelle Untersuchungen zeigen, dass die meisten Firmen weit von dieser Zielgröße entfernt sind.

Der Deutscher Sparkassen- und Giroverband analysiert beispielsweise immer wieder die aktuellen Eigenkapitalquoten. In einer seiner letzten Studien berichtet er zwar von einem Anstieg der Eigenkapitalquoten in den letzten Jahren, begründet mit der positiven gesamtwirtschaftlichen Konjunktur. Die Umsatzlage vieler Unternehmen hätte sich deutlich gebessert, die Ertragslage stabilisiert, was eine solidere Grundlage für einbehaltene Gewinne und eine Steigerung des Eigenkapitals bedeutet.

Dennoch meldet der DGSV für 2010, das kleine Unternehmen (mit 0 bis 1 Mio. Euro Jahresumsatz) durchschnittlich 12% EK Quoten haben, der Mittelstand mit Umsätzen zwischen 0 und 50 Mio. Euro ca. 18% sowie Großunternehmen mit über 50 Mio. Euro Umsatz ca. 30% Eigenkapitalquote (Quelle: DSGV: Diagnose Mittelstand 2012, S. 43f). Damit liegen diese EK Quoten weit unter dem guten Wert von 50%.

Noch schlimmer: Leider aber haben laut dem DSGV immer noch mindestens 36% aller kleinen Firmen bzw. 25% des sog. Mittelstands gar keine Eigenkapital mehr in ihrer Bilanz. Damit basiert ihre Existenz nur noch auf Schulden! Gerade in der Diskussion um Basel II bzw. III (→ **Kreditwürdigkeit**) verlieren die betroffenen Unternehmen damit weiter an Kreditwürdigkeit, was widerrum zu erhöhten Kosten für Fremdkapital und zu einer Reduzierung des Gewinns führt.

Wie analysiert man die Vermögensseite einer Bilanz?

Die Analyse der Vermögensseite (→ **Vermögen**) fragt vor allem nach dem Verhältnis von Anlagevermögen und Umlaufvermögen. Das Anlagevermögen umfasst dabei diejenigen Vermögensgegenstände, die langfristig im Unternehmen gebunden sind, während das Umlaufvermögen die kurzfristig gebundenen Vermögensgegenstände beinhaltet.

Eine der klassischen Kennzahlen zur Analyse der Vermögensseite ist die Anlagenintensität. Diese überprüft die Fristigkeit der Vermögensbindung. Oder mit anderen Worten: Wie viel der Bilanzsumme ist in langfristige Anlagen gebunden und kann nicht kurzfristig, zum Beispiel zur Tilgung von Schulden, verwendet werden.

$$\text{Anlagenintensität} \quad = \quad \frac{\text{Anlagevermögen}}{\text{Gesamtvermögen}} \quad \times\, 100 \;=\; x\,\%$$

Für die Anlagenintensität gibt es keinen branchenübergreifenden Optimalwert! Viel zu sehr hängt die Notwendigkeit der Investition in Anlagen (wie z.B. Gebäude, Maschinen, Unternehmen, Lizenzen etc.) von der Art der Leistungserbringung des jeweiligen Unternehmens ab. Ein produzierendes Industrieunternehmen braucht grundsätzlich mehr Anlagen, um seine Leistungen überhaupt erbringen zu können. Demgegenüber benötigen manche Dienstleister (z.B. Händler, Rechtsanwälte) weniger langfristige Anlagen für ihr Kerngeschäft. Es gilt aber, je höher die Anlagenintensität, desto höher sind auch die Fixkosten! Zudem wird mehr Kapital gebunden.

Argumente für eine hohe Anlagenintensität	Argumente gegen eine hohe Anlagenintensität
Gute Kreditsicherheit (allerdings abhängig von dem individuellen Anlageobjekt und seinem Verkehrswert)	Hohe Fixkosten
	Hohe Kapitalbindung und damit weitere Kosten
Eventuell stille Reserven	Eine Liquidation ist unter Umständen problematisch
Hohe Unabhängigkeit, da Eigentum	Geringe Flexibilität

Abbildung 9: Argumente für und gegen eine hohe Anlagenintensität

Gerade Arbeitnehmervertreter beäugen obendrein eine über die Jahre wachsende Anlagenintensität, da diese eine Verlagerung menschlicher Arbeit auf Maschinen, also eine Rationalisierung, beinhalten kann.

Tipp!

Die Anlagenintensität macht als Kennzahl nur bei jenen Firmen Sinn, die ihre Anlagen im eigenen Besitz haben. Viele Unternehmen sind jedoch in der Praxis dazu übergegangen, ihre Anlagen (z.B. Maschinen und Fuhrpark) zu leasen oder zu mieten.

Analog der Anlagenintensität lässt sich auch die Umlauf- sowie die Vorratsintensität berechnen. Anstelle des Anlagevermögens erscheint dann nur entweder das gesamte Umlaufvermögen oder die Summe aller Vorräte im Zähler.

$$\text{Vorratsintensität} \quad = \quad \frac{\text{Vorräte}}{\text{Gesamtvermögen}} \quad \times\,100 \;=\; x\,\%$$

Die Vorratsintensität ist nur für jene Unternehmen von hoher Bedeutung, die viel Kapital in ihren Vorräten gebunden haben. Dies gilt zum Beispiel für Einzel- und Großhändler sowie für weiterverarbeitende Industrieunternehmen. In diesen Fällen gilt es Branchen-spezifische Vergleichswerte oder Benchmarks (→ **Benchmarking**) zu sammeln und mit dem eigenen Unternehmen zu vergleichen.

Generell sagt man, dass ein kleiner Wert der Vorratsintensität besser ist, da ansonsten zu viel Kapital in den Vorräten gebunden sei und dies zu unnötigen Kosten führt. Dies ist auch der Grund für eine Reihe moderner Produktionsverfahren, wie zum Beispiel die Produktionssynchrone Beschaffung, in der Rohstoffe und Zwischenerzeugnisse erst dann angeliefert werden, wenn die Produktion den akuten Bedarf meldet (Just in Time Konzept). Eine Ausnahme gibt es aber auch: höhere Vorräte können jedoch auch positiv sein, wenn sie beispielsweise besonders billig eingekauft wurden. Dann gilt es jedoch die Kosten für die Lagerhaltung den Einsparungen beim Kauf kritisch gegenüber zu stellen.

Analog der bisherigen Vermögenskennzahlen lässt sich auch die Forderungsquote berechnen. Sie verdeutlicht das Verhältnis zwischen den Forderungen des Unternehmens (→ **Forderungsmanagement**) und dem Gesamtvermögen.

$$\textbf{Forderungsquote} \quad = \quad \frac{\text{Forderungen}}{\text{Gesamtvermögen}} \quad \text{x 100} \quad = \quad \text{x \%}$$

Bei der Forderungsquote gilt, dass diese möglichst niedrig sein sollte, um wenig Außenstände und somit ein geringes Ausfallrisiko zu haben. Umgekehrt würde eine hohe Forderungsquote bedeuten, dass dem Unternehmen noch viele Zahlungen von Seiten der Kunden zustehen würde. Würden diese nicht rechtzeitig und erfolgreich eingehen, so könnte ein Unternehmen trotz guter Umsätze in eigene Zahlungsschwierigkeiten kommen. Im schlimmsten Falle drohe eine eigene Insolvenz und der Verlust aller Arbeitsplätze.

Eine weitere Kennzahl zur Analyse der Vermögensseite ist die Abschreibungsquote, die im Rahmen der → **Abschreibungen** ausführlich beschrieben wird.

Wie analysiert man die Liquidität in einer Bilanz?

Ein Unternehmen, das seinen Zahlungsverpflichtungen (z.B. gegenüber Lieferanten oder Mitarbeitern) nicht mehr nachkommen kann, läuft große Gefahr in eine Insolvenz zu rutschen. Dies bedeutet oft den Verlust aller Arbeitsplätze. Die Überprüfung der Liquidität (Zahlungsfähigkeit) eines Unternehmens gehört daher zu den wichtigen Funktionen einer Bilanzanalyse.

Im Gegensatz zu den bisher aufgezeigten, einseitigen Analysen der Kapitalstruktur und Vermögensstruktur, untersuchen eine Reihe von Liquiditätskennzahlen das Verhältnis zwischen Kapitalstruktur und Vermögensstruktur in Hinblick darauf, ob genügend kurzfristig verfügbares Vermögen vorhanden ist, um die Verbindlichkeiten der nächsten zwölf Monate zu bezahlen. Die einzelnen Liquiditätskennzahlen werden in einem separaten Kapital zusammen mit der Liquidität im Generellen ausführlich beschrieben (→ **Liquidität**).

Was versteht man unter Deckungsrechnung in einer Bilanz?

Wie die Liquiditätskennzahlen untersucht auch die Deckungsrechnung das Verhältnis zwischen der Kapitalseite und der Vermögensseite. Diesmal jedoch nicht hinsichtlich der Zahlungsfähigkeit unter Beachtung der kurzfristigen Verbindlichkeiten, sondern mit Fokus auf die langfristige und damit sichere Finanzierung des Anlagevermögens. Es wird also das Verhältnis des sicheren Eigenkapitals zum Anlagevermögen untersucht. Mit Hilfe dieser Kennzahlen soll untersucht werden, ob nach der "Goldenen Bilanzregel" finanziert wurde.

Wichtig!

Die Goldene Bilanzregel besagt, dass langfristig gebundenes Vermögen auch mit langfristig gebundenem Kapital finanziert werden soll.

Der Deckungsgrad I zeigt an, wie viel Prozent des Anlagevermögens mit Eigenkapital finanziert sind. Ein Deckungsgrad I von 60 Prozent bedeutet beispielsweise, dass 60 Prozent des Anlagevermögens mit Eigenkapital finanziert sind und somit Teile des Anlagevermögens (40%) mit Fremdkapital finanziert werden müssen.

| **Anlagen-** | = | Eigenkapital | x 100 = x % |
| **Deckungsgrad I** | | Anlagevermögen | |

Neben dem Eigenkapital, das dem Unternehmen langfristig zur Verfügung steht, gibt es aber auch langfristiges Fremdkapital (→ **Kapital**). Dazu gehören u.a. die Pensionsrückstellungen und Bankkredite mit einer Laufzeit von über einem Jahr, die dem Unternehmen langfristig für Finanzierungszwecke zur Verfügung stehen.

| **Anlagen-** | = | Eigenkapital + langfristiges Fremdkapital | x 100 = x % |
| **Deckungsgrad II** | | Anlagevermögen | |

Auch der Deckungsgrad II zeigt an, wie viel % des Anlagevermögens langfristig finanziert sind, diesmal jedoch inklusive des langfristigen Fremdkapitals. Ein Deckungsgrad II von 90 Prozent bedeutet beispielsweise, dass 90 Prozent des Anlagevermögens langfristig und die restlichen 10% kurzfristig finanziert werden. Da das Anlagevermögen langfristig gebunden ist, sollte es in der Regel auch langfristig finanziert werden. Ansonsten müsste im schlimmsten Fall Teile des Anlagevermögens veräußert werden, um Fremdkapital den Gläubigern zurückzuzahlen. Damit würde die Grundlage der Leistungserbringung (z.B. mittels Maschinen oder Fahrzeugen) gefährdet! Der Deckungsgrad II sollte daher mindestens 100 Prozent betragen. Werte über 100 Prozent zeigen an, dass auch betriebsnotwendiges Umlaufvermögen mit langfristigem Charakter (z.B. Mindestbestände) abgedeckt ist.

Tipp!

Die Deckungsrechnung macht nur bei jenen Firmen Sinn, die ihre Anlagen im eigenen Besitz haben. Viele Unternehmen sind jedoch in der Praxis dazu übergegangen, ihre Anlagen (z.B. Maschinen und Fuhrpark) zu leasen oder zu mieten. In diesem Falle bringt die Untersuchung der Deckungsgrade wenig Mehrwert.

6 Bilanzpolitik

Was versteht man unter dem Begriff „Bilanzpolitik"?

Als Bilanzpolitik bezeichnet man die gezielte und beabsichtigte Beeinflussung der Darstellung von Daten und Fakten des → **Jahresabschlusses** innerhalb der gesetzlich möglichen Grenzen. Bei internen bzw. externen Lesern (z.B. Beschäftigte, Aktionäre, Gläubiger) soll ein bestimmter Eindruck über die wirtschaftliche Lage des Unternehmens hervorgerufen werden.

Wichtig!

Bilanzpolitik ist der legale Ansatz, die Ergebnisse innerhalb der Bilanz und der Gewinn- und Verlustrechnung im Interesse der Unternehmensleitung anzupassen.

Meist gelten die folgenden Ziele im Rahmen der Bilanzpolitik:

*   In der Regel: Gewinnglättung, kontinuierliche Dividendenpolitik

*   In guten Jahren: Reduktion des auszuweisenden Ausschüttungspotentials, Zukunftsvorsorge, Substanzerhaltung, Substanzmehrung

*   In schlechten Jahren: Verbesserung des Bilanzbildes, angemessenes Eigenkapital, Vergrößerung des Ausschüttungspotentials auf das notwendige Mindestmaß, Verschleierung von Fehlentwicklungen

Besonders Publikumsgesellschaften mit Managern als Unternehmensleitung betreiben in größerem Umfang Ergebnisglättungen als inhabergeführte Unternehmen. Als Ursache gilt bei Experten der stärkere Rechtfertigungsdruck von Managern gegenüber den Eigenkapitalgebern. Gerade wenn die Zahlen in Wahrheit nicht so gut sind, dann möchte man die Aktionäre, wie z.B. Großinvestoren, Fonds etc., nicht noch mehr verunsichern.

Wichtig!

Durch die Instrumente der Bilanzpolitik können Unternehmer die wirtschaftliche Lage eines Unternehmens im Jahresabschluss auch gegenüber den Beschäftigten und Tarifparteien wesentlich schlechter aussehen lassen!

Weist umgekehrt ein Unternehmen eine in Wahrheit sehr gute wirtschaftliche und finanzielle Lage aus, so dient Managern eine Gewinnglättung nach unten z.B. dazu, bei den Gesellschaftern keine gesteigerte Ergebniserwartung für die kommenden Jahre zu wecken.

Tipp!

Vorsicht bei vom Betriebsergebnis abhängigen Prämienzusagen: Der Arbeitgeber kann das Betriebsergebnis alleine durch Abschreibungen bzw. Rückstellungen so schmälern, dass die Empfänger von Prämien dabei leer ausgehen. Es empfiehlt sich dann noch eher einer Bewertung der Prämienzahlung anhand des so genannten EBITDA, also dem Betriebsergebnis vor Abschreibungen, Zinsen und Steuern!

Welche Instrumente der Bilanzpolitik gibt es im deutschen HGB?

Die Bilanzpolitik betrifft zwei unterschiedliche Bereiche, die in der Praxis schwer voneinander zu unterscheiden sind, weil sie sich gegenseitig beeinflussen:

- Formelle Bilanzpolitik: Bei der formellen Bilanzpolitik wird vor allem die Struktur der Bilanz und Gewinn- und Verlustrechnung beeinflusst.

- Materielle Bilanzpolitik: Hier geht es um die Beeinflussung der Höhe des im Jahresabschlusses ausgewiesenen Ergebnisses (Jahresüberschuss oder Jahresfehlbetrag).

Tipp!

Jede Führungskraft sollte die legalen Instrumente der Bilanzpolitik kennen, um so den Jahresabschluss seines Unternehmens kritischer betrachten zu können!

Zu den Instrumenten der formellen Bilanzpolitik gehören beispielsweise die Umschichtung von Umlauf- in Anlagevermögen (→ **Vermögen**). Haben etwa kurzfristig gehaltene Wertpapiere (d.h. im Umlaufvermögen) einen Wertverlust hinnehmen müssen, so wäre das Unternehmen gezwungen den Wert dieser Papiere auf den neuen, aktuellen Wert zu bereinigen (→ **Abschreibungen**). Dies hätte zur Folge, dass die Abschreibungen zu erhöhten Aufwendungen und damit einem geringeren Jahresüberschuss („Gewinn") führten. Ein Unternehmen, das aber einen besseren Jahresüberschuss ausweisen möchte, kann versuchen, diese Wertpapiere aus dem Umlauf- in das Anlagevermögen umzuschichten. Dies ist möglich, so lange die Wertpapiere nicht innerhalb eines Jahres verkauft werden und sie keinen dauerhaften Wertverlust darstellen. Dank dieser Maßnahme gibt es dann keine Notwendigkeit für Abschreibungen und der Jahresüberschuss wäre nicht negativ betroffen.

Weitere strukturelle Maßnahmen der formellen Bilanzpolitik sind die Umschichtung von Fremd- in Eigenkapital (z.B. durch Gesellschafterdarlehen) oder die Umschichtung von Anlagevermögen in gemietete Objekte. Die Umschichtung von Anlagevermögen in gemietete Objekte bezeichnet man auch als so genanntes Sale-and-Lease-Back Verfahren. Dabei verkauft ein Unternehmen Teile seines Anlagevermögens, wie z.B. Fahrzeuge, Maschinen oder Gebäude, an einen Dritten. Dieser Käufer wird dann zum Leasinggeber für die soeben erworbenen Anlage und vermietet diese an das Unternehmen zurück. Der Vorteil für das Unternehmen liegt zu erst einmal in einer erhöhten → **Liquidität** sowie darin, dass die Anlagen nun nicht mehr in der Bilanz erscheinen.

Die Instrumente für die materielle Bilanzpolitik lassen sich in die Ansatzalternativen und die Bewertungsalternativen unterscheiden:

*   Bei den Ansatzalternativen steht die Frage im Vordergrund, ob bestimmte Sachverhalte überhaupt in die Bilanz aufgenommen werden müssen.

• Bei den Bewertungsalternativen geht es um die Frage, mit welchen Werten die in der Bilanz erfassten Posten ausgewiesen werden müssen.

Bei den Gestaltungsmöglichkeiten der Ansatzalternativen spricht man auch von den so genannten Bilanzierungswahlrechten, die durch die Gesetzte für die Handelsbilanz (→ **Bilanz**) ausdrücklich eingeräumt werden. Unternehmen haben dabei die Wahl, ob sie bestimmte Positionen überhaupt auf der Aktivseite einer Bilanz „aktivieren" oder auf der Passivseite einer Bilanz „passivieren" möchten.

Tipp!

Es gilt die Faustregel: Je niedriger der ausgewiesene Gewinn ausfallen soll, desto weniger sollte aktiviert werden, desto mehr sollte aber passiviert werden.

Umgekehrt gilt es für eine Erhöhung des Gewinns so viel wie möglich auf der Aktivseite einer Bilanz zu aktivieren und auf der Passivseite wenig zu passivieren.

Wichtig!

Im Rahmen der Einführung des Bilanzrechtsmodernisierungsgesetzes (kurz: BilMoG) wurden viele früheren Instrumente der Bilanzpolitik eliminiert!

Beispiele für einzelne, übriggebliebene Ansatzalternativen bzw. Bilanzierungswahlrechte sind:

Aktivierungswahlrechte	Passivierungswahlrechte
• Selbst geschaffene immaterielle Vermögensgegenstände des Anlagevermögens können als Aktivposten in die Bilanz aufgenommen werden (§ 248 Abs. 2 Satz 1 HGB).	• Pensionsrückstellungen vor 1.1.1987: Nach § 28 EGHGB steht es dem Unternehmen frei, jene Pensionsrückstellungen in der Bilanz anzugeben, deren Ansprüche vor dem

• Latente Steuern: § 274 Abs. 2 HGB.	1.1.1987 erworben wurden.
• Ein Aktivierungswahlrecht besteht für geringwertige Wirtschaftsgüter. Sie müssen zwar in der Anlagenbuchhaltung gesondert geführt werden, müssen aber nicht in der Bilanz ausgewiesen werden, sondern können im Jahr der Anschaffung vollständig abgeschrieben werden (§ 6 Abs. 2 EStG).	• kann solange sie innerhalb der nächsten . Solche Aufwandsrückstellungen sind z.B. geplante Großreparaturen und Gebäuderenovierungen.

Abbildung 10: Ansatzalternativen der materiellen Bilanzpolitik (Bilanzierungswahlrechte)

Neben den Ansatzalternativen gehören wie gesagt auch die Bewertungsalternativen bzw. Bewertungswahlrechte zu den Instrumenten der materiellen Bilanzpolitik. Hierbei geht es um die Frage, mit welchen Werten die in der Bilanz erfassten Posten ausgewiesen werden müssen. Die Bewertungsalternativen ergeben sich aus Spielräumen, die das deutsche Handelsgesetzbuch Unternehmen bei der Bewertung von Vermögens- und Kapitalpositionen zuräumt. Die unterschiedlichen Bewertungen haben dabei einen direkten Einfluss auf die Jahresüberschüsse und somit auf die abzuführenden Steuern, Dividenden etc. Allerdings müssen die Positionen im Jahresabschluss ausgewiesen werden. Sie können nur in ihrer Höhe frei gestaltet werden, nicht aber in der Frage ob man die Positionen überhaupt ausweisen muss. Beispiele solcher Bewertungswahlrechte sind:

• Wahl des Abschreibungsverfahrens: linear oder degressiv

• Festlegung der Nutzungsdauer bei Vermögensgegenständen: Je länger ein Vermögensgegenstand offiziell genutzt wird, desto weniger Aufwand entsteht in einem Jahr und desto weniger wird der Jahresüberschuss reduziert. Hierzu existieren grundsätzlich zwar einige Vorgaben (siehe → **Abschreibungen**), die in der Praxis aber einige Spielräume freilassen.

• Bewertung der Rückstellungen: z.B. § 256 HGB

- Berechnung der Herstellungskosten bei selbst erstellen Anlagen oder Erzeugnissen: Laut § 255 HGB brauchen z.B. die Gemeinkosten oder die Fremdkapitalzinsen nicht in die Herstellkosten kalkuliert werden. Dies führt zu einem niedrigeren Aufwand des Unternehmens und zu einem entsprechend höheren Überschuss.

Tipp!

Sowohl bei den Bilanzierungs- wie auch bei den Bewertungswahlrechten sind es vor allem zwei Positionen im Jahresabschluss die besonders zu beachten sind: Abschreibungen und Rückstellungen. Allerdings haben sich durch das BilMoG die Möglichkeiten der Bilanzpolitik sehr verringert.

Welche weiteren Spielräume ermöglichen internationale Rechnungslegungsvorschriften?

Deutschen Unternehmen eröffnen sich weitere bilanzpolitische Spielräume, sobald sie einen Konzernabschluss nach einem der Standards der → **internationalen Rechnungslegung**, besonders dem IFRS (International Financial Reporting Standards), erstellen. Zwar ist der Einzelabschluss einer individuellen Gesellschaft weiterhin nach den Vorgaben des Handelsgesetzbuches (HGB) zu formulieren, doch darf parallel ein Konzernabschlusses nach den Richtlinien des IFRS erstellt werden. Ab 2005 werden die IFRS Regeln sogar zur Pflicht für alle börsennotierten Konzernabschlüsse (befreiende Wirkung nur nach §292a HGB).

Wichtig!

Die Regeln der internationalen Rechnungslegungsvorschriften bieten weitere Möglichkeiten, die wahre wirtschaftliche und finanzielle Situation eines Konzerns zu verschleiern.

Tipp!

Eine Analyse der Universität Münster im Auftrag des ManagerMagazins im Frühjahr 2003 ergab, dass es nicht etwa junge Hightech-Firmen sind, die die Freiräume der nationalen und internationalen Rechnungslegungsstandards nach Kräften ausnutzen, sondern vielmehr erste Adressen der deutschen Konzerne. Als Beispiele werden Siemens, Deutsche Telekom und Daimler Chrysler genannt.

Gibt es noch weitere Möglichkeiten zur Anpassung der Gewinne?

In der Presse und in der Fachliteratur finden sich noch weitere Tricks, mit den Unternehmen Gewinne manipulieren können. Dabei werden u.a. diese Möglichkeiten erwähnt:

- Verluste aus dem operativen Geschäftsbetrieb werden im außerordentlichen Ergebnis versteckt: Dies beeinflusst zwar nicht das Jahresergebnis bzw. den Jahresfehlbetrag, dafür aber umso mehr das Betriebsergebnis (→ **Gewinn- und Verlustrechnung**).

- Zinssatz für Pensionsrückstellungen wird geändert: Diese Maßnahme muss jedoch im Anhang des Jahresabschlusses erläutert werden und ist somit leicht zu erkennen.

- Forderungen an bedrohte Kunden werden nicht abgeschrieben: Die Wirkung ist ein höherer Gewinn in diesem Geschäftsjahr. Der endgültige Ausfall der Forderungen zeigt dann jedoch im nächsten Geschäftsjahr seine volle Wirkung.

- Vermögen wird bei Minderheitsbeteiligung geparkt: Die Bilanz zeigt damit weniger Substanz; eine Maßnahme, die nur sehr schwer zu erkennen ist.

- Hohe Verrechnungspreise: Gewinne von Töchtern werden über hohe Verrechnungspreise für geleistete Dienstleistungen oder Waren in die Einzelbilanz der Mutter gelenkt. Die Töchter haben damit einen geringeren Gewinn, die Mutter dafür einen gesteigerten Jahresüberschuss. Bei Konzernbilanzen gleicht sich dieses Vorgehen wieder aus.

- Hohe Konzernumlagen: Gewinne von Töchtern werden über hohe Konzernumlagen der Muttergesellschaften abgeschöpft. Die Töchter haben damit einen geringeren Gewinn, die Mutter dafür einen gesteigerten Jahresüberschuss. Wie bei den hohen Verrechnungspreisen gleicht sich dieses Vorgehen bei den Konzernbilanzen wieder aus, weshalb die Aktionäre ein solches Vorgehen wenig stört.

Tipp!

Besonders zu hohe Verrechnungspreise oder Konzernumlagen erlauben es immer wieder Konzernen, einzelne Tochterunternehmen schlechter in ihrer Kostenstruktur und Rentabilität darzustellen, als die wirtschaftliche Lage in Wahrheit ist. Dieses Instrument wird vor allem gerne gegenüber den Beschäftigten, Tarifparteien und in Standortdiskussionen ausgespielt.

7 Cash Flow

Was ist der Cash Flow?

Der Cash Flow (Umsatzüberschuss, Finanzmittelüberschuss) ist der Teil des Umsatzes, der an Liquidität im Unternehmen zurückbleibt und für Investitionsausgaben, zur Schuldentilgung und zur Gewinnausschüttung zur Verfügung steht. Der Cash Flow bezeichnet somit die innere Ertragskraft eines Unternehmens.

Die aus dem amerikanischen kommende Kennzahl bringt zum Ausdruck, inwieweit ein Unternehmen von der finanziellen Seite in der Lage ist, aus eigener Kraft die finanziellen Mittel zur Erfüllung der notwendigen oder existentiell wichtigen Aufgaben bereitzustellen. Anlass für den Cash Flow ist das Problem, dass der in der Gewinn- und Verlustrechnung festgestellte Jahresüberschuss nur einen unvollständigen Überblick über die tatsächlichen Innenfinanzierungsmöglichkeiten eines Betriebes gibt. Insbesondere die Abschreibungen und die Zuführungen von langfristigen Rückstellungen (wie z.B. Pensionsrückstellungen), mindern als Aufwendungen den Jahresüberschuss, ohne dass es im Unternehmen wirklich zu einem entsprechenden Geldabfluss kommt.

Wichtig!

Der in der Praxis oft angewendete Cash Flow bereinigt den Jahresüberschuss um einige der klassischen Instrumente der → **Bilanzpolitik**.

Mit anderen Worten: Der Jahresüberschuss eines Unternehmens kommt zustande, indem man von der Summe der Erträge die Summe der Aufwendungen abzieht. Dabei werden auch Ertragspositionen und Aufwandspositionen berücksichtigt, die nicht zahlungswirksam sind. So verringert sich der Jahresüberschuss, wenn ein Unternehmen Abschreibungen vornimmt. Dabei fließt aber keine Zahlung. Umgekehrt kann ein den Jahresüberschuss erhöhender Ertrag entstehen, ohne dass eine Einzahlung vorliegt, wenn das Unternehmen Rückstellungen auflöst. Die Schlussfolgerung hieraus ist, dass der Jahresüberschuss nicht feststellt, um wie viel mehr die Unternehmen eingenommen als sie ausgegeben haben. Um dies festzustellen, sind die Effekte herauszurechnen, die bewirkt haben, dass diese Interpretation nicht möglich ist.

Vom Cash Flow werden zwei Aussagen erwartet:

1. Er dient als Beurteilung der Liquidität, die sich mit dem Cash Flow oft besser beurteilen lässt als mit Liquiditätskennzahlen.

2. Der Cash Flow kann zu der Analyse der Ertragskraft herangezogen werden, denn er enthält solche Posten, die häufig zur Anpassung des ausgewiesenen Gewinns herangezogen werden (z.B. Abschreibungen). Mit anderen Worten: Der Cash Flow gibt einen objektiveren Überblick über den Überschuss aus dem Umsatz und an Finanzmitteln, als die Gewinn- und Verlustrechnung mit dem Endwert des Jahresüberschusses.

Wichtig!

Der Cash Flow dient als eine der zentralen Messgrößen („Wertbeitrag") der → **wertorientierten Unternehmensführung,** mit dem Wunsch nach der Steigerung des Unternehmenswertes.

Der Cash Flow ist ein Maßstab für die Selbstfinanzierungskraft eines Unternehmens und zeigt die finanzielle Flexibilität und finanzielle Unabhängigkeit von außenstehenden Geldgebern an. Ein niedriger Cash Flow führt zu einer Schwächung des Eigenkapitals, somit zu einem erhöhten Verschuldungsgrad und schließlich zwangsläufig zu einer wachsenden Zinslast. Das Wachstumspotential des Unternehmens wird eingeschränkt.

Wichtig!

Börsennotierte Konzerne müssen nach §297 Abs. 1 HGB in ihrem → **Konzernabschluss** eine Cash Flow Rechnung publizieren.

Wie berechnet man den Cash Flow?

Es gibt zwei grundsätzliche Verfahren für die Ermittlung des Cash Flow Wertes, nämlich die direkte und die indirekte Ermittlung. Bei der direkten Berechnung werden alle im Zusammenhang mit der laufenden Geschäftstätigkeit stehenden zahlungswirksamen Einnahmen von den zahlungswirksamen Ausgaben einer Periode subtrahiert. Dieses Verfahren erinnert sehr an den normalen Kontoauszug eines Kontoinhabers – auch von uns Privatpersonen. Auf diesem erscheinen alle Ein- und Ausgaben eines Monats, sowie am Ende die übriggebliebenen Liquidität, die der Person zur „freien" Verfügung steht

Anders bei der indirekten Berechnung: Diese kann aus dem Jahresabschluss hergeleitet werden. Hierzu wird der bilanzielle Erfolg – in der Regel Gewinn (Jahresüberschuss oder Betriebsergebnis als Vorsteuergröße) – herangezogen. Dann werden die ausgabeneutralen Aufwendungen (die keine Zahlungswirkung haben und nur bilanzielle Verrechnungsposten sind), beispielsweise Abschreibungen, Erhöhung der Rückstellungen und der Rücklagen sowie außerordentliche (nur temporär angefallene) Aufwendungen addiert. Ausgabenneutrale Erträge hingegen wie Zuschreibungen und außerordentliche Erträge werden subtrahiert.

Wichtig!

Innerhalb der indirekten Cash Flow Berechnung gibt es keine offizielle Ermittlungsweise. Daher werden oft unterschiedliche Rechenwege verwendet, die zu Verwirrungen führen können.

Die einfachste Variante zur indirekten Berechnung des Cash Flows gliedert sich wie folgt:

Jahresüberschuss (Gewinn)

+ Abschreibungen
+ Zuführung zu den Pensionsrückstellung

= **(Brutto) Cash Flow** (vereinfachte Formel)

In der vereinfachten Formel zur Berechnung des Cash Flows werden die Effekte von zwei der wichtigsten Instrumente der Bilanzpolitik eliminiert: den Abschreibungen und Teilen der Rückstellungen. Dies entspricht dem Wunsch, einen glaubwürdigen Ertragswert zu erhalten.

Aus dem Brutto Cash-Flow können zwei weitere Kenngrößen abgeleitet werden, die eine Auskunft darüber gegen, wie viel finanzielle Mittel für Investitionen und Dividendenzahlungen zur Verfügung stehen:

- **Netto Cash-Flow** (Cash-Flow bereinigt u. a. um Steuerzahlungen, Finanzierungskosten, Rücklagenveränderungen)

- **Free Cash-Flow** (Cash-Flow vor Dividenden und nach laufenden Investitionen)

Zur Ermittlung des Netto-Cash-Flows und des Free Cash-Flows müssen ausgabenrelevante Aufwendungen nach der Bilanzaufstellung, wie Privatentnahmen und Investitionen vom Cash-Flow abgezogen werden. Zahlungswirksame Erträge, die nach der Bilanzierung getätigt werden (beispielsweise De-Investitionen), müssen hingegen addiert werden.

Brutto Cash Flow

- Steuerzahlungen (nur bei Ermittlung des Brutto Cash Flows auf Basis eines Ergebnis vor Steuern)
- Zinszahlungen (nur bei Ermittlung des Brutto Cash Flows auf Basis eines Ergebnis vor Zinsen) und Tilgungszahlungen
- Privatentnahmen bei Personengesellschaften
+/- Rücklagenzuführung / -Auflösung

= **Netto Cash Flow**

Netto Cash Flow

- Investitionen (aus Geschäftstätigkeit, wie z.B. Ersatz- und Erweiterungsinvestitionen)
+ De-Investionen

= **Free Cash Flow**

Der Netto Cash Flow zeigt auf, wie viel Mittel für Investitionen zur Verfügung stehen. Der Free Cash Flow informiert über die Höhe der finanziellen Mittel, die einem Unternehmen nach Abzug der Investitionen immer noch zur freien Verfügung stehen. Diese freien Mittel können dann entweder zur Tilgung von Schulden oder als Dividenden für die Gesellschafter verwendet werden.

Was versteht man unter einem Discounted Cash Flow?

Bei dem Discounted Cash Flow Verfahren handelt es sich um ein Wertermittlungsverfahren. Das Einsatzfeld ist dabei weit gefächert: von der Unternehmens-bewertung, der Projekt- und Teilprojektbewertung bis zu komplexen mietvertraglichen Regelungen.

Beim Discounted Cash Flow wird der gesamte Zahlungsstrom für einen bestimmten zukünftigen Zeitabschnitt, z.B. die nächsten 10 bis 15 Jahre, dargestellt. Am Ende des Zahlungstromes wird ein gesondert zu ermittelnder Restwert angenommen. Schließlich wird der gesamte Zahlungsstrom auf den Bewertungsstichtag diskontiert, oder mit anderen Worten „auf heute zurück gerechnet". Der so ermittelte Barwert oder auch Kapitalwert ist der diskontierte Cashflow.

Die Berechnung des Discounted Cash Flows birgt einige Nachteile. Besonders schwierig ist die Bestimmung der folgenden Parameter:

- Die Schätzungen für die zukünftigen periodischen Cash Flows.

- Die Bestimmung des Diskontierungssatzes, der zur Abzinsung der perodischen Cash Flows zu verwenden ist.

Es ist wichtig, dass die Definitionen für den Cash Flow und den Diskontierungssatz zusammenpassen, damit das Verfahren keine inkonsistenten Bewertungsergebnisse liefert.

Was ist eine Kapitalflussrechnung?

Der Cash Flow ist obendrein die zentrale Größe in der Kapitalflussrechnung. Die Kapitalflussrechnung (auch Finanzflussrechnung, Zeitraumbilanz oder Fondsrechnung genannt) stellt für eine Abrechnungsperiode Herkunft und Verwendung verschiedener liquiditätswirksamer Mittel (Geld, Güter oder Leistungen) nach verschiedenen Gliederungskriterien dar.

Dabei betrachtet die Kapitalflussrechnung drei verschiedene Cash Flows:

- Cash-Flow aus laufender Geschäftstätigkeit (auch Operativer Cash-Flow): nach Korrektur um kurzfristig erwirtschaftete bzw. verbrauchte Finanzmittel

- Cash-Flow aus Investitionstätigkeit: nach Korrektur um Mittel- verbrauch aus Investitionen und Desinvestitionen

- Cash-Flow aus Finanzierungstätigkeit: nach Korrektur um ver- brauchte Mittel für Dividenden, Zinszahlungen und Darlehenstil- gungen sowie zugegangene Mittel aus Kapitalerhöhung und Darlehensaufnahmen

Nach dem HGB gehört eine Kapitalflussrechnung zwar nicht zu den Pflichtbestandteilen eines → **Jahresabschlusses**, jedoch haben bör- sennotierte Mutterunternehmen gemäß §297 Abs.1 HGB den Konzern- anhang um eine Kapitalflussrechnung zu erweitern. Auch hat das HGB keine gesetzlichen Regelungen zum Aufbau einer Kapitalflussrechnung. Es existieren nur Regelungen des Deutschen Standardisierungsrats (DRS 2).

Wichtig!

Für Unternehmen, die nach dem internationalen IFRS Standard bilanzie- ren, zählt die Kapitalflussrechnung zu den Pflichtbestandteilen des Ab- schlusses (z.B. IAS 7.1).

Die Kapitalflussrechnung ergänzt international als „drittes Standbein" des Jahresabschlusses die Bilanz und Erfolgsrechnung. Sie stellt dar, wie ein Unternehmen finanzielle Mittel in der vergangenen Abrechnungsperiode erwirtschaftet hat und welche Investitions- und Finanzierungsmaßnah- men erfolgten. Sie beantwortet damit z.B. Fragen, wie der Jahresüber- schuss verwendet worden ist, in welchem Verhältnis er zu den Investitio- nen beigetragen hat und wie die Ausweitung der Außenstände finanziert worden ist. Dadurch lässt sich u.a. beurteilen, ob ein Unternehmen seine Verbindlichkeiten begleichen kann, in Zukunft kreditwürdig bleibt und in der Lage ist, Kreditzinsen fristgerecht zurückzuzahlen.

+/-	Jahresüberschuss/-fehlbetrag
+/-	Abschreibungen/Zuschreibungen Anlagevermögen
+/-	Bildung/Auflösung Sonderposten mit Rücklagenanteil (steuerliche Wertberichtigung)
+/-	Zunahme/Abnahme der Rückstellungen
+/-	Sonstige zahlungsunwirksame Aufwendungen/Erträge (z.B. AfA auf aktiviertes Disagio)
-/+	Gewinn/Verlust Abgang Anlagevermögen
-/+	Zunahme/Abnahme Vorräte
-/+	Zunahme/Abnahme Forderungen aus Lieferungen und Leistungen
-/+	Zunahme/Abnahme sonstiger Vermögensgegenstände/Wertpapiere/RAP
+/-	Zunahme/Abnahme Verbindlichkeiten aus Lieferungen und Leistungen
	Operativer Cash-Flow
+	Einzahlungen aus Abgängen (z.B. Verkaufserlöse= Restbuchwerte + Gewinne - Verluste aus Anlagenabgang)
-	Auszahlungen für Investitionen in Anlagevermögen
	Cash-Flow aus Investitionen
+	Einzahlungen aus Eigenkapitalzuführungen
-	Ausschüttungen an Gesellschafter
+/-	Einzahlungen aus der Begebung von Anleihen und Kreditaufnahmen / Auszahlungen aus der Tilgung
	Cash-Flow aus Finanzierung
	Netto Cash-Flow (Summe aus Cash-Flows operatives Geschäft, Investitionen, Finanzierung)
+	Finanzmittelbestand Anfang der Periode
=	**Finanzmittelbestand am Ende der Periode**

Abbildung 11: Aufbau einer Kapitalflussrechnung

Die Kapitalflussrechnung stellt für Finanzanalysten, Banken und Kapital-
anleger eine wichtige Informations- und Entscheidungsgrundlage dar
(z.B. im Rahmen der Kreditwürdigkeitsprüfung). Sie wird aber auch un-
ternehmensintern vor allem vom Finanzcontrolling und von der Geschäftsleitung u.a. als Steuerungsinstrument (z.B. zur Liquiditätsanalyse
und -planung) eingesetzt. Eine Aufstellung über Herkunft und Verwendung von Einnahmen und Ausgaben interessiert nicht nur retrospektiv
(Dokumentation vergangener Perioden), sondern auch als Plan für künftige Abrechnungszeiträume.

Wie berechnet sich die Cash Flow Rendite?

In Verbindung mit den unterschiedlichen Cash Flows lassen sich auch
Renditen errechnen. Die einfachste Cash Flow Rendite ist die Rentabili-
tätsrechnung mit dem vereinfachten Cash Flow, die sehr der Umsatzrendite ähnelt:

$$\textbf{Cash Flow Rendite} \quad = \quad \frac{\text{Cash Flow}}{\text{Umsatzerlöse}} \quad x\ 100 \ = \ x\ \%$$

Des Weiteren lässt sich der so genannte Cash Flow ROI errechnen.
Diese Renditezahl stellt die Überrendite des gebundenen Kapitals dar.
Sie gibt also an, um wie viel Prozent die Renditeerwartungen der Inve-
storen und Anleger übertroffen wurden.

$$\textbf{Cash Flow ROI} \quad = \quad \frac{\text{Cash Flow (Investition)}}{\text{Investitionsbasis}} \quad x\ 100 \ = \ x\ \%$$

57

8   Gewinn- und Verlustrechnung

Was ist eine Gewinn- und Verlustrechnung?

Die Gewinn- und Verlustrechnung (GuV) stellt nach §§242 Abs. 2 und 264 HGB einen Bestandteil des → **Jahresabschlusses** dar. Ihr primärer Zweck laut §242 Abs. 2 HGB die Übersicht über die Erträge und Aufwendungen eines Unternehmens und die daraus resultierende Ermittlung des Jahresüberschusses oder Jahresfehlbetrages.

Wichtig!

Die Gewinn- und Verlustrechnung informiert über die wichtigsten Erträge und Aufwendungen des Unternehmens, so auch über die Summe der Personalkosten, der Abschreibungen, der außerordentlichen Aufwendungen, sowie über das Jahresergebnis. Erst mit diesen Informationen ist eine Bewertung über die wirtschaftliche und finanzielle Lage des Unternehmens möglich.

Als Aufwendungen gilt dabei der in Geldgrößen bewertete Verbrauch von Gütern und Dienstleistungen, wie z.B. die Kosten für die Lieferanten von Rohstoffen und Maschinen, Dienstleister und Mitarbeiter. Die Erträge sind die einem Unternehmen zuzurechnenden Einnahmen. Dabei stellen die Erträge oft mehr als die tatsächlich gezahlten Einnahmen des Unternehmens dar, da z.B. die Umsatzerlöse alle im Geschäftsjahr verkauften, geldlich bewerteten Güter- und Dienstleistungsmengen beinhalten, und nicht nur die bereits bezahlten.

Das Ergebnis der Gewinn- und Verlustrechnung ist immer der Jahresüberschuss oder Jahresfehlbetrag, den man in der Umgangssprache als „Gewinn" oder „Verlust" bezeichnet. Diese Endposition der GuV findet widerrum Eingang in die → **Bilanz** unter der Position des Eigenkapitals. Erwirtschaftet ein Unternehmen im Laufe eines Geschäftsjahres einen Jahresüberschuss, so erhöht dieser das Eigenkapital, das auf der Passivseite der Bilanz steht. Umgekehrt vermindert ein Jahresfehlbetrag das Eigenkapital in der Bilanz, im schlimmsten Fall so lange, bis gar kein Eigenkapital mehr vorhanden ist und das Unternehmen Gefahr läuft, in eine Überschulung (→ **Insolvenz**) zu rutschen.

Wie gliedert sich die Gewinn- und Verlustrechnung?

Nur für → **Kapitalgesellschaften** ist die Gliederung der Gewinn- und Verlustrechnung nach §275 HGB gesetzlich vorgeschrieben. In der Praxis orientieren sich jedoch auch viele → **Personengesellschaften** freiwillig an die vom Handelsgesetzbuch vorgegebene Gliederung.

Nach §275 Abs. 1 HGB können die Unternehmen zwischen zwei verschiedenen Gliederungsverfahren frei wählen: dem Gesamtkosten- und dem Umsatzkostenverfahren. In der Vergangenheit durfte die GuV nach dem deutschen Gesetz nur nach dem Gesamtkostenverfahren erstellt werden. Erst seit 1985 ist auch das Umsatzkostenverfahren zulässig, doch die meisten deutschen Unternehmen verwenden weiterhin das Gesamtkostenverfahren. Bei Konzernen, vor allem mit internationalen Muttergesellschaften, dominiert hingegen das Umsatzkostenverfahren, da dieses auch den → **internationalen Rechnungslegungsstandards** entspricht.

Das Gesamtkostenverfahren stellt der Leistung des Unternehmens die gesamten Kosten des Unternehmens gegenüber. Dadurch werden z.B. auch jene Kosten erfasst, die für zwar bereits fertig gestellte aber noch nicht verkaufte Produkte angefallen sind. Deren Aufwendungen erscheinen sowohl in den Material- und Personalkosten, während ihr „Ertrag" in der Lagerbestandsveränderung erscheint, da die noch nicht verkaufte Ware eine Erhöhung des Lagerbestandes bewirkt.

Das Umsatzkostenverfahren (englisch: Cost of Sales-Method) zeigt hingegen nur die Leistung des Unternehmens, die auch zu Umsatz wurde. Dem Umsatz werden dann nur jene Kosten gegenübergestellt, die durch den Umsatzprozess verursacht wurden. Alle Aufwendungen, die bisher noch zu keinem Verkaufserlös geführt haben, erscheinen somit nicht in den Positionen der GuV; werden also nicht in die Kosten addiert.

Ferner regelt der gleiche Paragraph (§275 Abs. 1 HGB), dass im Gegensatz zu der Bilanz, die bekanntlich in einer Kontoform mit einer Aktiv- und einer Passivseite, dargestellt wird, die Positionen der GuV untereinander, d.h. in einer Staffelform, geschrieben werden. Der Grund für die Staffelform ist, das in der Lesrichtung von oben nach unten die Ergebnisentwicklung viel deutlicher wird. Vier individuelle Ergebnisse (d.h. das Betriebsergebnis, das Finanzergebnis, das außerordentliche Ergebnis und der Jahresüberschuss / Jahresfehlbetrag) können direkt als Kenngrößen ermittelt werden:

Abbildung 12: Grundstruktur einer GuV in Staffelform

Der Vorteil dieser Darstellung mit ihren unterschiedlichen Ergebnissen liegt in der gewonnen Transparenz, aus welchen Aktivitäten des Unternehmens welcher Ergebnisbeitrag erwirtschaftet wird. Fällt zum Beispiel in einem Unternehmen ein gutes Betriebsergebnis an, so heißt dies, dass das Kerngeschäft des Unternehmens gut wirtschaftet. Mit anderen Worten: Auch die eigenen Mitarbeiter sind grundsätzlich rentabel (→ **Rentabilität**): Die Kosten für die eigentliche, betriebsbezogene Leistungserbringung werden von den Einnahmen (z.B. Umsatz) gedeckt.

Nun gibt es in der Praxis leider oft Firmen, die zwar auf der Ebene des Betriebsergebnis wirtschaftlich sind, d.h. ein positives Betriebsergebnis ausweisen, doch bei denen ein negatives Finanzergebnis (z.B. durch

Fehlspekulationen an der Börse) oder ein negatives außerordentliches Ergebnis (z.B. durch zu hohe Abschreibungen oder Aufwendungen aufgrund Betriebsschließungen) den Jahresüberschuss in einen Fehlbetrag wandeln. Mit anderen Worten: Während das Kerngeschäft gut läuft, führen andere – oft rein vom Management gesteuerte Entscheidungen – zu einem Verlust am Ende der GuV.

Welche Positionen gehören in die GuV?

Grundsätzlich unterscheiden sich die beiden Gliederungsverfahren der Gewinn- und Verlustrechnung, das Gesamtkosten- und das Umsatzkostenverfahren, nur in den einzelnen Positionen zur Berechnung des Betriebsergebnisses.

Während das Gesamtkostenverfahren die Aufwendungen nach Aufwandsarten (z.B. Materialkosten, Personalkosten, Abschreibungen) eher produktionsorientiert gliedert, ist dies beim Umsatzkostenverfahren absatzorientiert, d.h. nach Kostenstellen. Die weniger detaillierte Aufzählung der Kosten im Umsatzkostenverfahren (z.B. das Fehlen der Summe des Personalaufwands oder der Abschreibungen) wird durch §285 Abs. 8 HGB ergänzt, der zusätzliche Pflichtangaben im Anhang vorschreibt. Das Betriebsergebnis ist bei beiden Verfahren identisch!

	Gesamtkostenverfahren	Umsatzkostenverfahren
Betriebser-gebnis	§275 Abs. 2 Nr. 1-8 HGB	§275 Abs. 3 Nr. 1-7 HGB
	• Umsatzerlöse • Bestand an fertigen und unfertigen Waren • Aktivierte Eigenleistungen • Sonstige betriebliche Erträge • Materialaufwand • Personalaufwand • Abschreibungen • Sonstige betriebliche ~~Aufwendungen~~	• Umsatzerlöse • Herstellungskosten • Vertriebskosten • Allgemeine Verwaltungskosten • Sonstige betriebliche Erträge • Sonstige betriebliche Aufwendungen
Finanzer-gebnis	§275 Abs. 2 Nr. 9-13 HGB	§275 Abs. 3 Nr. 8-12 HGB
	• Beteiligungserträge • Wertpapier- und Ausleihungserträge • Zinsen • Abschreibungen auf Finanzanlagen • Zinsaufwendungen	
Außerordentli-ches Ergebnis	§275 Abs. 2 Nr. 15-17 HGB	§275 Abs. 3 Nr. 14-16 HGB
	Außerordentliche Erträge Außerordentliche Aufwendungen	
Jahreser-gebnis vor	§275 Abs. 2 Nr. 1-17 HGB	§275 Abs. 3 Nr. 1-16 HGB
Steuern	§275 Abs. 2 Nr. 18-19 HGB	§275 Abs. 3 Nr. 17-18 HGB
Jahresüber-schuß / -fehlbetrag nach Steuern	§275 Abs. 2 Nr. 20 HGB	§275 Abs. 3 Nr. 19 HGB

Abbildung 13: Unterschied zwischen Gesamt- und Umsatzkosten-verfahren

Was besagen die einzelnen Positionen der GuV?

Starten wir mit den einzelnen Positionen zur Berechnung des Betriebsergebnisses:

GuV Position	Gesamtkostenverfahren	Umsatzkostenverfahren
1	Bei den Umsatzerlösen handelt es sich um die Erlöse der Haupttätigkeit, also dem Verkauf von Produkten, Waren und Dienstleistungen. Sonstige Erlöse, wie z.B. die Vermietung von Produktionsräumen, fallen hingegen unter „sonstige betriebliche Erträge. Bei den Umsatzerlösen handelt es sich stets um Nettoerlöse, d.h. abzüglich der Umsatz- bzw. Mehrwertsteuer.	
2	Bei den Lagerbestandsveränderungen kommt es zu einer Erhöhung, wenn der Wert der hergestellten, aber noch nicht verkauften Waren am Bilanzstichtag höher ist, als zum früheren Stichtag. Mit anderen Worten: der Bestand des Lagers ist gestiegen. Diese Steigerung wird dem Umsatz hinzugerechnet, während eine Bestandsreduzierung dem Umsatzerlösen von Position 1 abgezogen werden	Die Herstellungskosten sind die Aufwendungen, die durch den Verbrauch von Gütern und in Anspruchnahme von Diensten für die Herstellung eines Gutes oder dessen Verbesserung entstehen (§255 Abs. 2 HGB). Damit beinhalten die Herstellungskosten Positionen aus dem Materialaufwand, Personalaufwand sowie Abschreibungen, die zur Erbringung der Leistung notwendig waren.
3	Aktivierte Einleistungen resultieren hauptsächlich aus selbsterstellte Anlagen, mit eigenen Arbeitskräften durchgeführten.	Das Bruttoergebnis vom Umsatz ist ein erstes Zwischenergebnis aus dem Umsatzkostenverfahren. Es errechnet lediglich, ob der Umsatz zumindest ausreicht, um die Kosten für die Herstellung der Güter zu decken.
4	Die sonstigen betrieblichen Erträge sind ein Sammelposten. Sie enthalten u.a. Erträge aus Nebentätigkeiten, aus Versicherungsentschädigungen, Mieterträgen, betriebsfremden Umsätzen,	Zu den Vertriebskosten zählen die Sondereinzelkosten des Vertriebs (wie z.B. Provisionen, Verpackungs- und Transportkosten) sowie Vertriebsgemeinkosten (z.B. Personalkosten der

	Zahlungseingänge auf als uneinbringlich ausgebuchte Forderungen, Währungsgewinne, Schuldnachlässe, Schadensersatzleistungen, Patent- und Lizenzgebühren, Buchgewinne aus dem Verkauf von Wertpapieren des Umlaufvermögens oder Erträge aus der Auflösung von Rückstellungen und Sonderposten mit Rücklagenanteilen	Verkaufsabteilung, Abschreibung der im Vertrieb genutzten Sachanlagen, Kosten der Marktforschung und Kosten des Fuhrparks).
5	Die fünfte Position der GuV nach dem Gesamtkostenverfahren „Materialaufwand" listet alle Aufwendungen für Roh-, Hilfs- und Betriebsstoffe auf, die zur Herstellung der Produkte bzw. Erbringung von Dienstleistungen notwendig sind. Ferner findet man unter dieser Position die Kosten für bezogene (Fremd-) Leistungen, wie z.B. von externen Beratern und Agenturen. Interessant sind dabei die Aufwendungen für die bezogenen Leistungen von Leiharbeitsfirmen	Die allgemeinen Verwaltungskosten umfassen alle Kosten der allg. Verwaltung, soweit nicht als Herstellungskosten aktiviert oder auf den Herstellungsbereich (Pos. 2) oder Vertriebsbereich (Pos. 4) entfallend. Beispiele möglicher allgemeiner Verwaltungskosten sind: Aufwendungen für die Geschäftsführung, Aufwendungen für das Rechnungswesen oder die Rechts- und Revisionsabteilung.
6	Der Personalaufwand umfasst die Bruttobezüge alle Löhne und Gehälter einschließlich der Arbeitgeberbeiträge zur Sozialversicherung, die laufenden Renten- und Unterstützungszahlungen sowie die jährlichen zusätzlichen Einstellungen in die Pensionsrückstellungen und Unterstützungskassen. In dieser Position finden sich auch die Bezüge der Geschäftsleitung, Gratifikationen sowie Vergütungen für befristet Aushilfskräfte	Die sonstigen betrieblichen Erträge sind wie beim Gesamtkostenverfahren ein Sammelposten. Sie enthalten im Umsatzkostenverfahren jedoch nur jene Kosten, die zu Umsatzerlösen geführt haben.

7	Die → **Abschreibungen** auf Sachanlagen und immaterielle Vermögensgegenstände beinhalten die Wertminderungen z.B. auf Gebäude, Maschinen, Patente, Lizenzen oder den Geschäfts- oder Firmenwert (GoF).	Die sonstigen betrieblichen Aufwendungen sind wie beim Gesamtkostenverfahren ein Sammelposten. Sie enthalten im Umsatzkostenverfahren jedoch nur jene Kosten, die zu Umsatzerlösen geführt haben.
8	Die Position „sonstige betriebliche Aufwendungen" ist ein Sammelposten anlog der sonstigen betrieblichen Erträge. Hierunter fallen z.B. Aufwendungen für Transporte, Mieten, Pacht, Werbung, Telefon- oder Portokosten, Reisekosten, Bewirtungs- und Betreuungskosten, Lizenzgebühren, Versicherungsprämien, Spenden, Schmiergelder, Aufwendungen für den Aufsichtsrat und Hauptversammlungen, Schadensersatzleistungen und Einstellungen in die Rückstellungen bzw. Sonderposten mit Rücklagenanteil.	

Wichtig!

In der Position „sonstige betriebliche Aufwendungen" stehen die Aufwendungen für → **Rückstellungen**, die z.B. für Abfindungen (wenn nicht bereits unter den Personalaufwendungen!), Gerichtsverhandlungen oder Sozialplanmaßnahmen gebildet wurden!

Als Zwischenergebnis der bisherigen GuV ergibt das Betriebsergebnis. Dieses entspricht im wesentlichen dem so genannten EBIT (engl.: Earnings Before Interests and Taxes), also den Einnahmen vor Zinsen und Steuern.

Tipp!

Interessant ist für die Beurteilung eines Unternehmenserfolges der EBITDA. Hierunter versteht man das Betriebsergebnis (EBIT) minus der Abschreibungen auf Sachanlagen und immaterielle Vermögensgegenstände. Dieser Wert ist gegenüber dem Betriebsergebnis seriöser, da er die Ertragslage des Unternehmens objektiver angibt. Im EBIT existieren genügend Möglichkeiten, im Rahmen der –> **Bilanzpolitik** das Ergebnis in seinem Sinne zu verändern.

Die übrigen Positionen der Gewinn- und Verlustrechnung gelten sowohl für das Gesamtkosten- als auch für das Umsatzkostenverfahren:

- Erträge aus Beteiligungen: Erträge aus Anteilen an verbundenen Unternehmen und sonstigen Beteiligungen. Gerade die Einnahmen aus Tochtergesellschaften bieten oft interessante Hinweise.

- Erträge aus anderen Wertpapieren: Finanzerträge aus Wertpapieren, die nicht aus Beteiligungen resultieren. Hierzu gehören z.B. Dividenden aus Aktienpaketen und Zinsen aus langfristigen Anleihen.

- Sonstige Zinsen und ähnliche Erträge: Finanzerträge aus dem Umlaufvermögen, wie z.B. Zinsen auf Bankguthaben oder aus Forderungen an Kunden.

- Abschreibungen auf Finanzanlagen des Umlaufvermögens: Verlieren Finanzanlagen im Umlaufvermögen (z.B. Aktien oder Beteiligungen) zum Bilanzstichtag an Wert, so sind nach dem strengen Niederstwertprinzip des HGB diese zu ihrem reduzierten Kurswert zu bilanzieren. Der daraus resultierende Verlust ist abzuschreiben.

- Zinsen und ähnliche Aufwendungen: Vergütungen für die Überlassung von Fremdkapital, wie z.B. für Bankkredite und Hypotheken. Mit anderen Worten: Hier sieht man die Kosten, die das Unternehmen hat, um von Dritten Kredite oder sonstige Verbindlichkeiten aufzunehmen.

Wichtig!

Laut §275 Abs. 2 und 3 HGB ergeben die bisherigen Positionen der GuV das Ergebnis der gewöhnlichen Geschäftstätigkeit. Vereinfacht lässt es sich auch aus dem Betriebsergebnis und dem Finanzergebnis errechnen. Das Ergebnis der gewöhnlichen Geschäftstätigkeit zeigt den Bruttoerfolg des Unternehmens im Rahmen seiner gewöhnlichen Geschäftstätigkeit vor Abzug der Steuern.

- Außerordentliche Erträge, Aufwendungen bzw. Ergebnis: In den Positionen sind nur jene Erträge und Aufwendungen auszuweisen, die außerhalb der gewöhnlichen Geschäftstätigkeit der Gesellschaft liegen. Es werden vor allem Erfolgs- und Misserfolgskomponenten betrachtet, wie z.B. wenn ein Unternehmen eine Betriebsstätte mit Gewinn oder Verlust verkauft oder wenn ein Brandschaden einen außerordentlichen Aufwand hervorruft.

Wichtig!

In den außerordentlichen Aufwendungen können sich die Kosten für Betriebsschließungen, Abfindungen und Sozialplanmaßnahmen verstecken.

- Steuern von Einkommen und Ertrag: Zu dieser Position zählen die Körperschaftssteuern, die Kapitalertragssteuern und die Gewerbeertragssteuer. Die Körperschaftssteuer ist dabei eine besondere Art der Einkommenssteuer für juristische Personen, d.h. AG, KGaA und GmbH, mit einen Steuersatz von 25 Prozent. Die Kapitalertragsteuer wird für Einkünfte aus Kapitalvermögen erhoben und hat einen Steuersatz von 20 Prozent auf die ausgeschütteten Gewinne. Die Gewerbeertragssteuer ist eine Gemeindesteuer und wird in ihrer Steuerhöhe von diesen lokal festgelegt.

67

- Sonstige Steuern: Alle Steueraufwendungen, die nicht gewinnabhängig sind. Zu ihnen gehören somit z.B. die Grundsteuer, die Kfz-Steuer, die Alkoholsteuer und die Mineralölsteuer.

Der Jahresüberschuss bzw. Jahresfehlbetrag ist das endgültige Ergebnis (Gewinn oder Verlust) aus der Gegenüberstellung aller Einnahmen und Ausgaben. Diese Position stellt die Verbindung zwischen der GuV und der Bilanz dar, da der Jahresüberschuss bzw. Jahresfehlbetrag auch unter dem Eigenkapital der Bilanz ausgewiesen wird.

Wichtig!

Die Ergebnisse der Gewinn- und Verlustrechung können vom Unternehmer beeinflusst werden. Diese Instrumente der → **Bilanzpolitik** bewirken, dass der Jahresüberschuss erhöht oder sogar zu einem Jahresfehlbetrag reduziert wird.

Tipp!

Zur Analyse der Gewinn- und Verlustrechnung empfehlen sich die Instrumente der → **Bilanzanalyse** und der Einsatz von → **Aufwandskennzahlen**.

Was ist bei der GuV einer Bank zu beachten?

Die bisher aufgezeigten Merkmale einer Gewinn- und Verlustrechnung gelten nach dem HGB für alle Unternehmen. Doch existieren für Banken und Versicherungen diverse Abweichungen zu dem klassischen Raster einer GuV, die am Beispiel der Banken kurz skizziert werden sollen.

Industrieunternehmen fließen aus dem Verkauf ihrer Produkte Umsätze zu, von denen nach Abzug der Kosten ein Gewinn als Ziel ist. Banken verbuchen keine Umsätze, sondern die Zinsen aus den vergebenen Krediten als Erträge. Nach Abzug der Zinsaufwendungen, also der gezahlten Zinsen auf Spareinlagen, verbleibt der Zinsüberschuss. Er wird um die Rückstellungen für ausfallbedingte Kredite (sog. Risikovorsorge) korrigiert.

Klassische GuV (wichtigsten Positionen)	GuV von Banken
+ Umsatzerlöse - Materialaufwand - Personalaufwand - Abschreibungen +/- Finanzergebnis = **Ergebnis vor Steuern**	+ Zinserträge - Zinsaufwand - Risikovorsorge für Kredite + Provisionserträge - Provisionsaufwand + Handelsergebnis - Verwaltungsaufwand = **Ergebnis vor Steuern**

Abbildung 14: Besonderheiten einer Banken-GuV

Neben der Zinsen aus den vergebenen Krediten haben Banken noch zwei weitere Ertragsbestandteile. Der zweite Ertragsbestandteil ist der Provisionsüberschuss, der sich aus Vermittlungsprovisionen, wie z.B. aus dem Verkauf von Fonds oder Versicherungen, speist. Bei Investmentbanken fließen hier auch die Honorare für die Beratung von Übernahmen oder die Abwicklung von Börsengängen ein. Provisionsaufwendungen, wie z.B. Prämien für die Vermittlung ihrer Kredite, mindern den Posten.

Der dritte Ertragsbestandteil ist das Handelsergebnis. Dahinter verbergen sich Gewinne, die eine Bank beim Handel mit Wertpapieren in ihrem eigenen Besitz einstreicht. Zusammen mit den Gewinnen aus Beteiligungen (Finanzergebnis) stellen Zins-, Provisions- und Handelsüberschuss die wichtigsten Ertragssäulen einer Bank dar. Nach Abzug der Verwaltungsaufwendungen verbleibt ein Ergebnis vor Steuern.

Die Eigenkapitalquote gilt wie auch bei allen anderen Unternehmen auch bei Banken als eine elementare Kennzahl zur Bewertung des Jahresabschlusses. Zusätzlich interessiert bei Banken in der GuV die Cost-Income-Ratio. Diese betrachtet das Verhältnis zwischen den Aufwendungen (Costs) zu Erträgen (Income). Bei deutschen Banken liegt die Cost-Income-Ratio bei ca. 70 Prozent. Dies indiziert, dass die Erträge zu 70 Prozent von den Kosten aufgezehrt werden. Der US-Gigant Citibank hat hingegen eine so schlanke Verwaltung, dass die Cost-Income-Ratio bei rund 50 Prozent liegt.

9 Internationale Rechnungslegungsstandards

Neben den nationalen, im Handelsgesetzbuch verbindlich geregelten Vorschriften zur Aufstellung eines → **Jahresabschlusses**, finden verstärkt international anerkannte Normensysteme Eingang in die Jahresabschlüsse deutscher Unternehmen. Besondere praktische Bedeutung erlangen hier neben den Rechnungslegungsvorschriften des International Accounting Standards Boards mit ihren IFRS Normen (ehemals IAS), die US-amerikanische Generelly Accepted Accounting Principles, kurz US-GAAP.

Die Gründe für den vermehrten Einsatz internationaler Rechnungslegungsstandards bei deutschen Unternehmen liegen in einer Reihe von Faktoren. Im Mittelpunkt steht überwiegend der Wunsch, sich internationale Kapitalmärkte zur Aufnahme von Eigen- und Fremdkapital zu erschließen. In der Vergangenheit war für einige Großunternehmen gar die Zulassung zum Handel an überregionalen Börsenplätzen von Bedeutung, wie z.B. die New York Stock Exchange (NYSE). Zahlreiche amerikanische Investoren, wie z.B. bedeutende Fonds, kauften nur dann Aktien ausländischer Unternehmen, wenn diese an einer amerikanischen Börse notiert sind. Dies hat sich in der Zwischenzeit geändert, so dass kaum ein deutscher Konzern mehr an der NYSE gelistet ist.

Mit dem IFRS bieten Unternehmen internationalen die gewünschte Vergleichbarkeit der Informationen nach einheitlichen, internationalen Standards. Die (konsoldierten) Jahres- und Quartalsabschlüsse börsennotierter Unternehmen stellen dabei neben anderen Quellen, wie z.B. Presseberichte, Konjunkturprognosen, Brancheninformationen, einen entscheidungsrelevanten und damit wichtigen Teil des Informationssystems für den Investor dar. Unterschiede zwischen den Rechnungslegungsnormen beeinträchtigen die Vergleichbarkeit der Abschlüsse und damit die Effizienz der Kapitalmärkte.

Wichtig!

Die EU-Kommission hat entschieden, IFRS ab 2005 als verbindliches Regelwerk zur Erstellung konsolidierter Abschlüsse für kapitalmarktorientierte Gesellschaften in der EU einzuführen und entspricht damit den Anforderungen einen vollständig integrierten Binnenmarkt für Finanzdienstleistungen zu schaffen.

Mit anderen Worten: Seit 2005 müssen alle Unternehmen, die am so genannten Kapitalmarkt tätig sind, ihren → **Konzernabschluss** nach dem internationalen Standard namens IFRS erstellen. Am Kapitalmarkt tätig sind dabei all jenen Konzerne, die entweder Anleihen, Aktien oder andere Wertpapiere über den Kapitalmarkt (z.B. Börse) handeln.

Die Jahresabschlüsse für Einzelunternehmen oder individuelle Konzern-gesellschaften mit Sitz in Deutschland sind auch weiterhin nach dem Deutschen Handelsgesetzbuch vorzunehmen. Das heißt wiederum: Jedes einzelne Unternehmen hat weiterhin seinen HGB Abschluss zu erstellen, und zwar in deutscher Sprache und in Euro Währung.

Was versteht man unter internationalen Rechnungslegungsstan-dards?

Bei den internationalen Rechnungslegungsstandards handelt es sich zuerst einmal um Empfehlungen, die von Experten aus dem Berufsstand der Wirtschaftsprüfer, der Wissenschaft und der Rechtsprechung erstellt werden. Rechtsverbindlichkeit erlangen die IFRS erst durch ihre Aner-kennung („endorsement") durch die Europäische Kommission. Diese EU-Verordnung ist in allen ihren Teilen verbindlich und gilt unmittelbar in jedem Mitgliedstaat, so dass die Standards nun zu nationalem Recht wurden. Die Anerkennung neuer oder überarbeiteter IFRS erfolgt nun durch ein besonderes EU-Rechtsetzungsverfahren, der Komitologie. Hierbei legt die Kommission ihren Vorschlag für die Anerkennung (oder Ablehnung) eines IFRS einem Regelungsausschuss (Accounting Regula-tory Committee – ARC) vor. Dieser besteht aus Vertretern der Mitglied-staaten unter Vorsitz der Kommission. Stimmt der Ausschuss dem Aner-kennungsvorschlag der Kommission zu, trifft die Kommission die Vorkeh-rungen für die Anwendung des Rechnungslegungsgrundsatzes in der EU mittels EU-Verordnung.

Welche internationalen Standards gibt es?

International dominieren die beiden Standards IFRS (ehemals IAS) und US-GAAP. Die International Financial Reporting Standards (IFRS) wer-den vom International Accounting Standards Board (ISAB), erarbeitet und sollen über die Vermögens-, Finanz- und Ertragslage eines Unter-nehmens informieren. Das IASB (ehemals IASC) selbst wurde 1973 auf Initiative von Vertretern berufsständischer Organisationen aus neun Ländern – darunter auch Deutschland – in London gegründet. Inzwi-schen sind über 100 Länder im IASC vertreten. Zentrale Zielsetzung sind die Erarbeitung und Veröffentlichung von Rechnungslegungsgrundsätzen, Förderung der weltweiten Akzeptanz dieser Empfehlungen ohne rechtliche Bindung sowie die allgemeine Verbesserung und Harmonisierung von Vorschriften und Verfahren der Rechnungslegung.

Das IASB hat bis heute 41 Standards herausgegeben, wie z.B. über die Behandlung von Leasing (IAS 17), Mitarbeitervergütungen (IAS 19) und über den Cash Flow (IAS 7). Die erarbeiteten Standards sind für die einzelnen Mitgliedsländer nicht verpflichtend, jedoch haben sich die nationalen Mitgliedsorganisationen des IASC verpflichtet, die Durchsetzung der IFRS in ihren Heimatländern zu fördern. Einige IFRS Regelungen wurden in den letzten Jahren überarbeitet und zum Teil umbenannt. Eine aktuelle Liste kann man unter der Internetadresse der IFRS Foundation abrufen (www.iasc.org)

Auch die US-amerikanische Initiative der Generally Accepted Accounting Principles (GAAP) wurde 1973 gestartet. Dabei versteht man hierunter die „Generally Accepted Accounting Principles" die von den US-amerikanischen wirtschaftsprüfenden Berufsverbänden und andere berufsständischen Organisationen, vorwiegend unter der Federführung des Financial Accounting Standard Board (FASB), erarbeitet werden. Wie beim IAS handelt es sich um generelle Prinzipien (Principles) und einzelfallbezogene Standards ohne gesetzlicher Bindung. Für die US-GAAP gibt die Börsenaufsicht Securities and Exchange Commission (SEC) lediglich Rahmenvorgaben vor und übernimmt eine überwachende Funktion bei der Entwicklung von Bilanzierungsvorschriften war. Die US-GAAP bilden das gesamte zusammenfassende Regelsystem der US-amerikanischen Rechnungslegung. Es handelt sich dabei um ein sehr detailliertes und komplexes Regelwerk, das aber dafür für praktisch jedes Problem eine Lösung bietet.

Welches sind die wichtigsten Unterschiede der internationalen Standards zum Deutschen Rechnungslegungsstandard (HGB)?

Im Gegensatz zu dem HGB beinhalten IFRS und US-GAAP keine übergeordnete Prinzipien, sondern eine Vielzahl detaillierter Einzelfallregelungen in Form von einzelnen Rechnungslegungsstandards. Diese Art der Einzelfallregelung ist typisch für das angelsächsische Rechtssystem. Es zählen nicht wie bei uns in Deutschland kodifizierte Gesetze mit relativ hohem Abstraktionsgrad. Vielmehr bilden vergleichbare Fälle ergangener Rechtssprechung die primäre Rechtsquelle.

Die Unterschiede zwischen den Bilanzierungsregeln nach dem HGB und z.B. dem US-GAAP sind teilweise erheblich. Besonders hervorzuheben ist das Grundprinzip des HGB, das so genannte Vorsichtsprinzip! Demnach darf sich kein Kaufmann oder Unternehmen reicher rechnen, als er ist (§252 Abs. 1 Nr. 4 HGB), wohl aber ärmer (→ **Bilanzpolitik**). In den Vereinigten Staaten gilt hingegen das Prinzip der „Fair Presentation", also der Darstellung der tatsächlichen wirtschaftlichen Verhältnisse. Dabei liegt der Fokus weniger auf dem Gläubigerschutz und die langfristige Sicherung des Unternehmens wie in Deutschland, sondern auf die Transparenz für Investoren, wie z.B. mit der periodengerechten Gewinnermittlung. Im Gegensatz zur amerikanischen Rechnungslegung steht bei den Normen des IFRS nicht der Investor im Vordergrund, sondern der Abschluss soll "interessierte Kreise" (Arbeitnehmer, Kreditgeber, Lieferanten) informieren.

Wichtig!

Das HGB orientiert sich am Schutz der Gläubiger, die Prinzipien des US-GAAP an Schutz der Investoren und die Normen des IFRS möchte alle interessierten Kreise (d.h. Arbeitnehmer, Kreditgeber und Lieferanten) über die wirtschaftliche Lage eines Unternehmens informieren.

Am besten zeigen sich die Unterschiede zwischen dem HGB und den beiden internationalen Rechnungslegungsnormen in der Betrachtung individueller, konkreter Einzelfälle. Die folgende Tabelle gibt einen ersten Überblick über wesentliche Unterschiede hinsichtlich den zugrunde liegenden Rechtsvorschriften, dem Zweck der Rechnungslegung, den Bestandteilen der Rechnungslegung, steuerlichen Einflüssen, der Behandlung von stillen Reserven und von Rückstellungen:

Kriterien	HGB	IFRS	US-GAAP
Rechtsgrundlage	Die Grundsätze sind im HGB geregelt.	Standards mit Empfehlungs-Charakter, die erst durch die EU-Kommission verbindlich werden	Die Grundsätze werden von den Berufsständen und der Börsenaufsicht entwickelt; es handelt sich um keine einheitlichen Rechtsquellen.
Zweck	Gläubigerschutz,	Information für Kapital-	Investorenschutz,

der Rech-nungsle-gung	Kapitalerhaltung und langfristige Sicherung	anleger und die "inter-essierte Öffentlichkeit"	Information
Bestand-teile der Rech-nungsle-gung (Quartals- oder Jahresab-schluss)	Bilanz Gewinn- und Verlust-rechung Anhang Lagebericht (Konzerne zusätzlich: Eigenkapitalentwick-lung)	Bilanz Gewinn- und Verlust-rechung Cash-flow-Rechnung Kapitalveränderungs-rechnung (Eigenkapi-talspiegel) Anhang Segmentberichte	Bilanz Gewinn- und Verlust-rechnung Cash-flow-Rechnung Entwicklung von Kapi-tal, Rücklagen und Bilanzgewinn Anhang Segmentberichte
Steuerli-che Ein-flüsse	Steuerliche Einflüsse durch BilMoG weitge-hend reduziert	Steuerliche Einflüsse weitgehend reduziert	keine steuerlichen Einflüsse
Realisa-tions- und Impari-tätsprin-zip	Unrealisierte Gewinne dürfen nicht, drohende Verluste müssen berücksichtigt werden	Realisierung oder Realisierbarkeit am Bilanzstichtag als Voraussetzung für die Erfolgswirksamkeit	Realisierung oder Realisierbarkeit am Bilanzstichtag als Voraussetzung für die Erfolgswirksamkeit
Rückstel-lungen	Pensionsrückstellun-gen werden nach dem Anwartschaftsverfah-ren bewertet Sonstige Rückstellun-gen unterliegen z.T. Wahlrechten	Pensionsrückstellun-gen werden nach dem Anwartschaftsverfah-ren bewertet Bewertung der sonsti-gen Rückstellungen nach dem wahrschein-lichsten Wert oder mit dem Erwartungswert	Pensionsrückstellun-gen werden nach dem Anwartschaftsverfah-ren bewertet Ansatzverbot für Auf-wandsrückstellungen; Bewertung der sonsti-gen Rückstellungen nach dem wahrschein-lichsten Wert oder mit dem Erwartungswert
Stille Reser-ven	Vorsichtsprinzip und zahlreiche Wahlrechte ermöglichen in großem Umfang die Bildung stiller Reserven	Möglichkeit, stille Reserven zu bilden ist stark eingeschränkt	Möglichkeit, stille Reserven zu bilden ist stark eingeschränkt.

Abbildung 15: Grundregeln bei der Bilanzierung nach HGB, IFRS und US-GAAP

Aus der Abbildung ist als ein zentraler Unterschied zwischen HGB und den internationalen Vorschriften die umfangreiche Bildung von stillen Reserven (→ **Vermögen**) festzuhalten, wodurch viele Jahresabschlüsse in Deutschland einen niedrigeres Vermögen ausweisen, als in Wahrheit vorliegt. Hintergrund des Rechts zur Bildung von stillen Reserven ist erneut der Gläubigerschutz. Mit anderen Worten: Die Gläubiger können sicher sein, dass das Unternehmen mindestens die angegebenen Vermögenswerte besitzt. Tendentiel ist das Vermögen sogar noch wesentlich höher. Die Möglichkeit, stille Reserven zu bilden ist bei einer Rechnungslegung nach IFRS oder US-GAAP stark eingeschränkt.

Tipp!

Besonders interessante Detailunterschiede zwischen den drei Bilanzierungswelten sind die Bewertungsunterschiede bei den Immateriellen Vermögensgegenständen, dem Leasing, der Bewertung von Wertpapieren, der Bilanzierung langfristiger Fertigungsaufträge sowie den Pensionsrückstellungen.

Wie unterscheidet sich die Struktur des Jahresabschlusses nach internationalen Standards?

In Deutschland haben Kapitalgesellschaften nach dem HGB eine Bilanz, eine Gewinn- und Verlustrechnung, einen Anhang und einen Lagebericht zu erstellen. Der Konzernabschluss eines kapitalmarktorientiertes Unternehmens ist zudem um eine Kapitalflussrechnung, eine Segmentberichterstattung und einen Eigenkapitalspiegel zu erweitern. Nach internationalen Standards sind grundsätzlich eine Cash-flow-Rechnung hinzuzufügen, die Entwicklung des Kapitals darzustellen sowie eine Segmentberichterstattung zu erstellen.

Doch ist dabei anzumerken, dass Abschlüsse nach internationaler Rechnungslegung weitaus geringeren gesetzlichen Form- oder Gliederungsvorschriften unterliegen. So soll die Bilanz nach IFRS nur die folgende Mindestgliederung aufweisen:

Assets	Aktiva
Current assets	**Kurzfristiges Vermögen**
Cash and cash equivalents	Flüssige Mittel
Marketable securities	Wertpapiere des Umlaufvermögens
Accounts and notes receivable	Forderungen und Besitzwechsel
Minus: allowance for doubtful	Wertberichtungen auf zweifelhafte
accounts	Forderungen
Inventories	Vorräte
Prepaid expenses	Aktive Rechnungsabgrenzungsposten
Other current assets	Sonstige Gegenstände des Umlaufver-
	mögens
Non-current Assets	**Langfristiges Vermögen**
Securities and indebtedness of	Wertpapiere und Beteiligungen an
related	verbundenen Unternehmen
Property, plant and equipment	Sachanlagevermögen
Accumulated depreaciation,	Kumulierter Betrag der Abschreibungs-
depletion and amortization of	aufwendungen der Anlagegegenstände
property, plant and equipment	
Intangible assets	Immaterielles Anlagevermögen
Accumulated depreaciation and	Kumulierter Betrag des Amortisations-
amortization of intangible assets	aufwandes des immateriellen Anlage-
	vermögens
Other assets	Sonstige langfristige Posten

Abbildung 16: Mindestgliederung der Aktivseite einer IFRS Bilanz

Interessant ist bei der IFRS Bilanz, dass die Fristigkeiten umgekehrt wie nach dem HGB oben mit den kurzfristigen Vermögensbestandteilen (Umlaufvermögen) beginnen, während die langfristigen Vermögensteile (Anlagevermögen) unten aufgeführt werden. Das gleiche Prinzip gilt auch für die Passivseite der IFRS Bilanz.

Equity and Liabilities	Passiva
Current liabilities	**Kurzfristige Schulden**
Accounts and notes payable	Kurzfristige Verbindlichkeiten
Other current liabilities	Andere kurzfristige Verbindlichkeiten
Non-current liabilities	**Langfristige Schulden**
Bonds, mortages and other long-	Langfristige Darlehen
term debts	

Indebtedness to related parties – noncurrent	Lanfgristige Verbindlichkeiten gegen über verbundenen Unternehmen oder Personen
Other liabilities	Sonstige langfristige Verbindlichkeiten
Commitments and contingent liabilities	Ungewisse Verpflichtungen
Deferred credit	Rückstellungen mit längerfristigem Charakter
Minority interests in consolidates subsidiaries	Anteile von Minderheitsgesellschafter
Equity	**Eigenkapital**
preferred stocks	Vorzugsaktien
Common stocks	Stammaktien
Additional paid-in capital	Kapitalrücklagen
Retained earnings	Gewinnrücklagen
Other stockholders equity	Sonstiges Eigenkapital

Abbildung 17: Mindestgliederung der Passivseite einer IFRS Bilanz

Operating Section	Betriebstätigkeit
Net sales and gross revenue	Umsatzerlöse
Costs and expenses applicable to sales	Kosten der umgesetzten Leistung
Other operating costs and expenses	Sonstige betriebliche Aufwendungen
Selling, general and administrative expenses	Vertriebs- und allgemeine Verwaltungskosten
Provision for doubtful accounts and notes	Aufwand für zweifelhafte Forderungen
Other general expenses	Sonstige Gemeinkosten
Non-operating Section	**Betriebsfremde Tätigkeit**
Non-operating income	Sonstige (nicht-)betriebliche Erträge
Interest and amortization of debt discount and expense	Zinserträge und Zinsaufwendungen
Non-operating expenses	Sonstige nicht betriebliche Aufwendg.
Income or loss bevor income tax expenses and appropriate items below	**Ergebnis vor Steuern und anderen abzugrenzenden Positionen**
Income tax expenses	Ertragsteuern
Minority interest in income of condolidated subsidiaries	Anteil der Minderheitsgesellschafter am Ergebnis
Equity in earnings of unconsolidated subsidiaries and 50 % or less owned persons	Anteil nicht konsolidierter Tochterunternehmen am Ergebnis
Income or loss from continuing operations	**Ergebnis der gewöhnlichen Geschäftstätigkeit**
Discounted operations	Ergebnis aus der Aufgabe von Geschäftsbereichen
Income or loss before extraordinary items and cumulative effects of changes in accounting principles	Ergebnis vor außerordentlichen Einflüssen und Auswirkungen durch den Wechsel der Bewertungsmethoden
Extraordinary items, less applicable tax	Außerordentliches Ergebnis abzgl. der gesonderten Ertragsteuern
Cumulative effects of changes in accounting principles	Gesamtauswirkung druch den Wechsel der Bewertungsmethoden
Net income or loss	**Ergebnis der Periode**
Earnings per share	Ergebnis je Aktie

Abbildung 18: Mindestgliederung einer Gewinn- und Verlustrechung nach IFRS

Welche Spielräume bieten internationale Rechnungslegungsvorschriften?

Neben den Spielräumen für die → **Bilanzpolitik** aus dem HGB eröffnen sich deutschen Unternehmen weitere bilanzpolitische Spielräume, sobald sie einen Konzernabschluss nach einem der internationalen Standards erstellen.

Wichtig!

Die Regeln der internationalen Rechnungslegungsvorschriften orientieren sich nicht am Gläubigerschutz und dem damit verbundenen Vorsichtsprinzip.

Die internationalen Standards bieten Unternehmen mehr Wahlrechte und Spielräume, die aber im jeweiligen Anhang des Jahresabschlusses zu erläutern sind.

TIPP!

Die Komplexität der internationalen Rechnungslegungsstandards erfordert viel Spezil- und Fachwissen. Hier sollte man sich konsequenterweise an entsprechende Experten wenden!

10 Insolvenz

Was ist eine Insolvenz?

Unter einer Insolvenz versteht man die Zahlungsunfähigkeit (Illiquidität) eines Unternehmens, die bei Anhalten der Situation zur Eröffnung eines Vergleichs- oder Konkursverfahrens führen kann.

Gerade bei dem Begriff „Insolvenz" verwirrt die Vielzahl ähnlicher Wirtschaftsbegriffe, die im Zusammenhang mit einer Insolvenz stehen. Zu dieser Begriffsvielfalt gehören: „Konkurs", „Überschuldung", „Vergleich" und „Bankrott":

- **Insolvenz:** Unternehmen sind insolvent, wenn sie zahlungsunfähig oder überschuldet sind. In der Folge ihrer Zahlungsunfähigkeit können die Unternehmen ihre Verbindlichkeiten (z.b. Gehälter, Rechnungen für Lieferanten und Steuern) nicht mehr bezahlen.

- **Konkurs:** Der Konkurs oder das Konkursverfahren bezeichnete nach altem Recht das gerichtliche Vollstreckungsprozedere, das alle Gläubiger eines insolventen Unternehmens gleichmäßig und gleichzeitig befriedigt. Der Konkursbegriff und das Verfahren wurden 1999 durch die neue Insolvenzordnung ersetzt.

- **Vergleich:** Als Vergleich bezeichnete das Recht vor 1999 den Versuch, das Unternehmen durch eine Einigung von Schuldner und Gläubigern zu retten – meist, indem die Gläubiger einen Teil der Schulden erlassen oder gestundet haben. Auch dieser Begriff wurde 1999 durch die neue Insolvenzordnung ersetzt.

- **Bankrott:** Bankrott ist ein Schuldner, wenn er z.B. die Konkursmasse beiseite schafft, Bilanzen „schönt" oder mit dubiosen Machenschaften den Anteil der Gläubiger schmälert. Bei einem solchen Vergehen drohen bis zu fünf Jahre Freiheitsstrafe.

- **Überschuldung:** Eine Firma gilt als überschuldet, wenn die Verbindlichkeiten höher sind als das Vermögen.

Die Praxis zeigt weiter einen hohen Stand an Insolvenzen. Laut den Untersuchungen der Wirtschafts- und Konjunkturforschung Creditreform entwickeln sich zwar die Unternehmensinsolvenzen aufgrund der guten

Konjunkturlage in den letzten Jahren rückläufig, doch zählt das Unternehmen dennoch für das Jahr 2013 über 26.300 Unternehmensinsolvenzen.

Beispiele: Zu den zehn größten Unternehmensinsolvenzen des Jahres 2013 zählen ohne Zweifel die der Baumarktketten „Praktiker" und „Max Bahr". In der Summe waren bei diesen Unternehmen mehr als 10.000 Mitarbeiter betroffen. Insolvent ist auch der Solarpionier Conergy aus Hamburg, die Loewe AG, ein Hersteller luxuriöser Heimelektronik sowie der Billigstromanbieter Flexstrom und der Immobilienverwalter IVG.

Wichtig

In 2013 waren 285.000 Arbeitnehmer von der Insolvenz ihres Arbeitgebers betroffen und verloren ihre Arbeitsplätze.

Die Schäden, die insolvente Unternehmen in 2013 verursachten, beliefen sich auf insgesamt 26,9 Milliarden Euro, 285.000 Arbeitnehmer waren von der Insolvenz ihres Arbeitgebers betroffen und verloren ihre Arbeitsplätze.

Laut der Creditreform betrifft die überwiegende Mehrzahl der Unternehmensinsolvenzen in Deutschland mittlerweile sehr kleine Unternehmen. In acht von zehn Fällen (79,5 Prozent) waren maximal fünf Mitarbeiter im Unternehmen tätig; viele sind sogar Soloselbstständige. Lediglich ein Unternehmen von hundert (0,9 Prozent) beschäftigte zum Zeitpunkt der Insolvenz noch mehr als 100 Mitarbeiter. Ein ähnlicher Befund zeigt sich bei den Umsatzgrößenkassen: Knapp die Hälfte aller Insolvenzen entfällt auf Unternehmen, deren Umsatz weniger als eine Viertelmillion Euro beträgt (48,1 Prozent). Der Anteil dieser Kleinstunternehmen ist im Vergleich zum Vorjahr (45,9 Prozent) gewachsen. 260 der insolventen Unternehmen weisen einen Jahresumsatz von mehr als 25 Mio. Euro auf.

Ab wann ist ein Unternehmen insolvent?

Seit dem 1. Januar 1999 gilt die aktuelle Insolvenzordnung (InsO). Sie löst die bisherige westdeutsche Konkurs- und Vergleichsordnung von 1995 bzw. die ostdeutsche Gesamtvollstreckungsordnung von 1991 ab. So ist nun bei Zahlungsunfähigkeit oder Überschuldung die Eröffnung des Insolvenzverfahrens notwendig. Ziel des neuen Rechtes ist, zahlungsunfähige oder fast zahlungsunfähige Unternehmen fortzuführen und

Arbeitsplätze zu erhalten, anstatt sie zu zerschlagen. Beispielsweise erschwert die Insolvenzordnung den Gläubigern, lebenswichtige Teile wie Maschinen oder Vorprodukte aus dem Unternehmen herauszuholen, und damit das Aus eines Unternehmens noch schneller einzuleiten.

Das Insolvenzverfahren kann durchgeführt werden, um die Verbindlichkeiten eines Schuldners in größtmöglichem Umfang zu erfüllen. Gründe für die Eröffnung eines Insolvenzverfahrens sind:

- Zahlungsunfähigkeit (§17 InsO)
- drohende Zahlungsunfähigkeit (§18 InsO) oder
- Überschuldung - nur bei Kapitalgesellschaften (§19 InsO)

Die Insolvenzordnung definiert die drei Gründe wie folgt:

Rechtliche Grundlage (§17 Abs. 2 InsO)

Der Schuldner ist zahlungsunfähig, wenn er nicht in der Lage ist, die fälligen Zahlungspflichten zu erfüllen. Zahlungsunfähigkeit ist in der Regel anzunehmen, wenn der Schuldner seine Zahlungen eingestellt hat.

Im Falle der Zahlungsunfähigkeit verfügt das Unternehmen über keine ausreichende → **Liquidität**. Diese ergibt sich besonders aus den vorhandenen, flüssigen Mitteln, d.h. dem Kassenbestand, Bankguthaben und Schecks. Zur Berechnung der so genannten Liquidität auf kurzer oder gar mittlerer Sicht integriert die Betriebswirtschaft auch die gesamten Finanzmittel des Umlaufvermögens (→ **Bilanz**), insbesondere die Forderungen an die eigenen Kunden. Wichtig am §17 der Insolvenzordnung ist der Hinweis, dass bereits dann von einer Zahlungsunfähigkeit auszugehen ist, wenn der Schuldner seine Zahlungen eingestellt hat. Mit anderen Worten: Selbst wenn ein Unternehmen gar keine Probleme mit der Liquidität hat, und nur unbeabsichtigt Zahlungen einstellt, kann ein Gläubiger ein Insolvenzverfahren beantragen.

Paragraph 18 der Insolvenzordnung droht Unternehmen nicht nur mit der Eröffnung einer Insolvenz bei Zahlungsunfähigkeit, sondern auch bei der Gefahr dieses zu werden.

Rechtliche Grundlage (§18 Abs. 2 InsO)

Der Schuldner droht zahlungsunfähig zu werden, wenn er voraussichtlich nicht in der Lage sein wird, die bestehenden Zahlungspflichten im Zeitpunkt der Fälligkeit zu erfüllen.

Also selbst, wenn ein Unternehmen noch gar nicht zahlungsunfähig ist, kann ein Insolvenzverfahren gegen das Unternehmen eröffnet werden. Die daraus resultierenden Folgen wirken dann bis auf die Beschäftigten.

Der dritte Grund zur Eröffnung eines Insolvenzverfahrens ist die Überschuldung. Diese liegt vor, wenn das Vermögen des Schuldners die bestehenden Verbindlichkeiten nicht mehr deckt.

Rechtliche Grundlage (§19 Abs. 2 InsO)

Überschuldung liegt vor, wenn das Vermögen des Schuldners die bestehenden Verbindlichkeiten nicht mehr deckt.

Mit anderen Worten: Zeigt die Bilanz des Jahresabschlusses oder eines Quartalsabschlusses eines Unternehmens, dass das Fremdkapital größer ist als die gesamte Aktivseite, so liegt eine Überschuldung vor (Ausnahme: Existenz von Darlehen mit Rangrücktritt). Löst nun das Unternehmen all seine Positionen aus dem Anlage- und Umlaufvermögen auf (z.B. durch Verkauf), so würden die Einnahmen hieraus nicht ausreichen, die Schulden des Unternehmens zurückzuzahlen.

Wie lauten die gesetzlichen Regelungen für eine Insolvenz?

Nach §2 InsO muss die Eröffnung eines Insolvenzverfahrens beim Amtsgericht als zuständiges Insolvenzgericht beantragt werden. Bei Zahlungsunfähigkeit oder Überschuldung kann sowohl der Schuldner als auch ein Gläubiger den Antrag stellen (§13 InsO). Zu einem Antrag wegen drohender Zahlungsunfähigkeit ist nur der Schuldner, also die zahlungsunfähige Einzelperson oder das Unternehmen, berechtigt (§18 InsO).

> **Tipp**
>
> Wurde noch kein Insolvenzverfahren eröffnet, so kann sich ein von Zahlungsunfähigkeit bedrohtes Unternehmen in einem außergerichtlichen Vergleichsverfahren mit den Gläubigern einigen. Hierbei verzichten die Geldgeber und Geschäftspartner auf einen Teil ihrer Forderungen (nicht selten mehr als 50 Prozent) und verständigen sich über die Modalitäten, zu denen die verbleibenden Schulden abgetragen werden. Neben dem Effekt der außergerichtlichen Einigung profitiert der Schuldner davon, dass viel weniger Informationen an die Öffentlichkeit kommen.

> **Tipp**
>
> Ferner kann ein Unternehmen vor der Eröffnung eines Insolvenzverfahrens von sich aus den Antrag auf eine sog. Eigenverwaltung (gemäß §§ 270-285 InsO) stellen. Bei Zustimmung vom Gericht ermöglicht dieses Verfahren dem Unternehmen, die Insolvenzverwaltung unter Aufsicht eines Sachverwalters selbst zu übernehmen.

Wird eine Kapitalgesellschaft zahlungsunfähig, so muss die Unternehmensleitung selbst die Eröffnung eines Insolvenzverfahrens beantragen.

> **Rechtliche Grundlage (§92 Abs. 2 AktG)**
>
> Wird die Gesellschaft zahlungsunfähig, so hat der Vorstand ohne schuldhaftes Zögern, spätestens aber drei Wochen nach Eintritt der Zahlungsunfähigkeit, die Eröffnung eines Insolvenzverfahrens zu beantragen. Dies ergibt sich sinngemäß, wenn sich eine Überschuldung der Gesellschaft ergibt.

Diese Regelung gilt sinngemäß für alle Kapitalgesellschaften. Auch die persönlich haftenden Gesellschafter einer KGaA haben spätestens drei Wochen nach Eintritt der Zahlungsunfähigkeit die Eröffnung eines Insolvenzverfahrens zu beantragen (§283 AktG). Für die Geschäftsführer einer GmbH ergeben sich Informationspflichten aus §49 Abs. 3 GmbHG (Einberufung einer Gesellschafterversammlung im Fall einer Unterbilanz, wenn mindestens die Hälfte des Stammkapitals verloren ist) und §64 Abs. 1 GmbHG (Insolvenzantragspflicht).

Tipp

Immer mehr Unternehmen wählen die Rechtsform einer GmbH & Co.KG. Auch wenn es sich hierbei um Personengesellschaften handelt, so liegt im Falle der Überschuldung ein direkter Insolvenzgrund vor. Als Grund gilt das Fehlen einer natürlichen Person als Gesellschafter (§§130a und 177a HGB).

Eröffnet die Unternehmensleitung nicht rechtzeitig ein Insolvenzverfahren, so macht sie sich strafbar und schadensersatzpflichtig.

Wichtig

Bei schuldhafter Verletzung der Pflichten aus §§92, 283 AktG oder § 64 GmbHG sind die Mitglieder des Vorstands einer AG, die persönlich haftenden Gesellschafter einer KGaA oder die Geschäftsführer einer GmbH strafbar und schadensersatzpflichtig! Die Schadensersatzpflicht besteht sowohl gegenüber der Gesellschaft und deren Gläubigern als auch gegenüber den Aktionären oder Gesellschaftern (vgl. § 93 AktG).

Wird ein Insolvenzverfahren eröffnet, so entscheidet das Insolvenzgericht nach Antragstellung über notwendige Maßnahmen zur Sicherung der Vermögensmasse des Schuldners und über die Bestellung eines vorläufigen Insolvenzverwalters. Dessen Aufgabe ist es, das Vermögen des Schuldners zu sichern, gegebenenfalls das Schuldnerunternehmen fortzuführen und zu prüfen, ob das vorhandene Vermögen die Kosten des Verfahrens decken wird. Der Schuldner hat hierbei umfassende Auskunfts- und Mitwirkungspflichten (§§ 97 und 98 InsO).

Wichtig

Bei neun von zehn Firmen reicht das vorhandene Vermögen nicht aus, um die voraussichtlichen Verfahrenskosten zu decken. Dann lehnt der Insolvenzverwalter die Eröffnung des Insolvenzverfahrens „mangels Masse" ab – die Gläubiger gehen leer aus. Die Beschäftigten verlieren ihre Arbeitsplätze.

Sofern eine kostendeckende Vermögensmasse vorhanden ist oder die Verfahrenskosten in Form eines Vorschusses geleistet werden, wird das Verfahren eröffnet. Die Gläubiger haben ihre Forderungen fristgerecht beim Insolvenzverwalter anzumelden. Dementsprechend meldet die

Vollstreckungsbehörde zolleigene Forderungen (einschließlich der Gebühren und Auslagen, die bei ihr im Rahmen der Vollstreckung wegen Fremdforderungen angefallen sind) an, um deren eventuelle Befriedigung aus der Insolvenzmasse zu sichern.

Spätestens drei Monate nach Eröffnung des Verfahrens muss der Insolvenzverwalter einen Bericht über die finanzielle Situation des Unternehmens vorlegen. Die Gläubigerversammlung entscheidet dann, ob das Unternehmen liquidiert oder saniert werden soll.

Eine Sanierung hat nach einem ausgearbeiteten Insolvenzplan zu geschehen. Diesen legt der Insolvenzverwalter oder der Schuldner vor. Die Gläubiger als auch der Schuldner stimmen über diesen Plan ab. Im Falle einer Sanierung können die Ansprüche der Gläubiger durch den Insolvenzplan beschnitten werden, damit die Überlebensfähigkeit des Unternehmens nicht gefährdet wird. Dahinter steht letztlich die Einsicht, dass Gläubigern in der Regel eher damit gedient ist, langfristig einen guten Kunden zu erhalten, als kurzfristig eine möglichst hohe Rückzahlungsquote durchzusetzen,
Wird das Unternehmen nicht saniert, kommt es zu einer Liquidation. Dies ist in der Praxis leider der häufigere Fall. Unter Maßgabe der zur Verfügung stehenden Insolvenzmasse wird dabei eine Quote festgelegt, nach der die angemeldeten und vom Insolvenzverwalter anerkannten Insolvenzforderungen zu befriedigen sind (§§ 187 ff. InsO). Nach Verteilung der Masse und Abhaltung des Schlusstermins wird das Insolvenzverfahren aufgehoben. Im Hinblick auf die dann noch bestehenden Forderungen der Gläubiger bleibt der Schuldner leistungspflichtig, soweit ihm keine Restschuldbefreiung gewährt worden ist.

Wie erkennt man rechtzeitig eine mögliche Insolvenz?

Eine Insolvenz gefährdet die Arbeitsplätze aller Beschäftigten. Wie gesehen, waren alleine im Jahr 2013 über 285.000 Arbeitsplätze von Unternehmensinsolvenzen betroffen. Daher gilt es für deren Vertreter, rechtzeitig die Gefahr einer möglichen Insolvenz zu erkennen und Maßnahmen zu ergreifen.

Tipp

Eine Insolvenz kommt nie von heute auf morgen! Denn bevor eine Insolvenz eintritt, befindet sich ein Unternehmen bereits über einige Zeit in einer kritischen wirtschaftlichen Lage.

Daher lässt sich die Gefahr einer möglichen Insolvenz meist vorab identifizieren. Nur wollen manche Unternehmensleitungen dies häufig nicht ganz wahrhaben oder sie kommunizieren diese Gefahr weder ihren Gesellschaftern, Gläubigern noch den Mitarbeitern.

Zur Früherkennung einer drohenden Insolvenz dienen einige klassische Kennzahlen der Bilanzanalyse. Allen voran helfen die Liquiditätskennzahlen (→ **Liquidität**) mit den Liquiditätsgraden eins bis drei. Liegt der Liquiditätsgrad drei bei einem mittelständischen Unternehmen ohne Konzernanschluss unter 100 Prozent, so ist die Gefahr der Zahlungsunfähigkeit in den nächsten Monaten latent vorhanden, da die Rückzahlungen der kurzfristigen Verbindlichkeiten die frei verfügbaren finanziellen Mittel des Umlaufvermögens übersteigen.

Eine Überschuldung liegt vor, wenn das Fremdkapital das Vermögen übersteigt. Mit anderen Worten: Das Eigenkapital wurde komplett aufgebraucht. Diesen Tatbestand stellt man mit zwei Kennzahlen fest: der Eigenkapitalquote (→ **Kapital**) oder dem Verschuldungsgrad.

Verschuldungsgrad $=$ $\dfrac{\text{Fremdkapital}}{\text{Eigenkapital}}$ $\times\, 100 = x\,\%$

Der Verschuldungsgrad gibt das Verhältnis zwischen Fremd- und Eigenkapital an. Je höher der Prozentwert des Verschuldungsgrads ist, desto mehr ist das Unternehmen verschuldet. Bei einem Wert von 99 Prozent hat das Unternehmen eine Überschuldung so gut wie erreicht. Verfügt das Unternehmen über gar kein Eigenkapital (Wert 0), so ergibt die Kalkulation des Verschuldungsgrads den symbolischen Wert von 0 Prozent.

> **TIPP**
>
> Neben diesen klassischen Bilanzkennzahlen empfiehlt es sich, Einsicht in den Finanzplan und in die monatliche oder zumindest quartalsweise Liquiditätsrechnung zu nehmen!

Wie im separaten Kapital zur Liquidität erläutert, betrachtet die Liquiditätsrechnung die Differenz der zukünftigen Einnahmen und Ausgaben und errechnet die monatlich verfügbare Liquidität, die das Unternehmen zur Erfüllung ihrer finanziellen Verbindlichkeiten zur Verfügung hat.

Wie schützt man sich gegen eine drohende Insolvenz?

Grundvoraussetzung zur Sicherung eines vor drohender Zahlungsunfähigkeit oder Überschuldung stehenden Unternehmens ist ein rasches und konsequentes Handeln. Dabei stehen zwei wichtige Maßnahmenblöcke zur Verfügung: Erstens die Optimierung der Ein- und Ausgaben und zweitens die Aufnahme neuer Finanzmittel.

Die Optimierung der Ein- und Ausgaben hat zum Ziel, einen Überschuss (Gewinn) zu erwirtschaften, der das Eigenkapital und die flüssigen Mittel erhöht. Hierzu gibt es zwei Handlungsfelder: Einnahmen erhöhen oder Ausgaben reduzieren.

Einnahmen erhöhen:	Ausgaben reduzieren
• Vermehrt Produkte mit hohen Deckungsbeiträgen absetzen	• Lagerbestände bei Vorräten reduzieren
• Nicht benötigte Anlagen verkaufen	• Ausschuss reduzieren
• Kapazitäten besser auslasten	• Eigenfertigung und Fremdbezug prüfen
• Reklamationen durch verbesserte Leistung/Qualität vermeiden	• Freiwillige Leistungen reduzieren
• Sonderaktionen für Barzahler durchführen	• Höhere Kreditlinie anstreben, um Überziehungszinsen zu vermeiden
• Durch Nachkalkulation richtige Preisstellung überprüfen	• Kapitalbindung im Umlaufvermögen reduzieren
• Rabattgewährung eingrenzen	• Transportkosten durch veränderte Lieferbedingungen vermeiden
	• Rabatte und Skonti beim Einkauf nützen

Einnahmen schneller realisieren	Ausgaben zeitlich verzögern
• Bankeinzug bei Dauerkunden vereinbaren	• Leasing statt Kauf von Anlagegegenständen
• Wertstellung bei Banken verbessern	• Ratenzahlung bei Einkäufen vereinbaren
• Anzahlungen von Kunden fordern	
• Mahnwesen intensivieren, um Verweildauer der Forderungen zu reduzieren	• Längere Zahlungsziele bei Lieferanten
• Ausgangsrechnung schnell erstellen	• Sonderabschreibungen zur Verlagerung von Steuerzahlungen in Anspruch nehmen
• Schecks unmittelbar nach Erhalt einreichen	• Bildung von steuerlichen Rückstellungen nutzen
• Lieferzeiten verkürzen	• Privatentnahmen reduzieren
• Anlagen verkaufen und anschließend leasen	• Stundung von Steuerzahlungen beantragen
• Schnell zahlende Kunden bevorzugt bedienen	
• Außendienst einschalten um Forderungen zu realisieren	
• Lieferung gegen Nachnahme oder Lastschriftverfahren	
• Factoring und Inkasso zur raschen Realisierung von Forderungen nutzen	

Abbildung 19: Anätze zur Optimierung der Ein- und Ausgaben

Neben der Optimierung der Ein- und Ausgaben kann eine drohende Insolvenz durch die Aufnahme neuer Finanzmittel abgewehrt werden:

- Erhöhung Eigenkapital (Kapitalerhöhung etc.)
- Erhöhung Fremdkapital (z.B. Überbrückungskredit, Mitarbeiterdarlehen, Gesellschafterdarlehen)

Diese zweite Möglichkeit zur Abwehr einer drohenden Insolvenz ist leider oft nur theoretisch vorhanden. Gerade für Unternehmen, die sich in einer wirtschaftlichen Schieflage befinden, finden sich seltener bereitwillige Kapitalgeber. Wer möchte noch in ein Unternehmen investieren, dessen Zukunft mehr als ungewiss ist? Umgekehrt können ja auch am Markt erfolgreiche Unternehmen kurzfristige Liquiditätsengpässe erleben. In diesen Fällen finden sich leichter Personen, die die Zahlungsfähigkeit mittels kurzfristiger Finanzspritzen anheben.

11 Jahresabschluss

Was ist ein Jahresabschluss?

Der Jahresabschluss dient zur Darstellung der finanziellen und wirtschaftlichen Lage eines Unternehmens. Dabei sind zu einem bestimmten Zeitpunkt (Stichtag) sämtliche Vermögensgegenstände, Schulden, Rechnungsabgrenzungsposten, Aufwendungen und Erträge auszuweisen, damit die Öffentlichkeit, wie z.B. Aktionäre, Kreditgeber, Investoren, Mitarbeiter, Kunden etc., eine Überblick über das Unternehmen gewinnt. Der Jahresabschluss dient mehreren Zielen:

- Bemessung von Zahlungen: In Ausübung der Zahlungsbemessungsfunktion dient der Jahresabschluss als Grundlage zur Feststellung der Dividenden- und Steuerzahlung.

- Information über Vermögens-, Finanz- und Ertragslage: Die Informationsfunktion beinhaltet die Aufgabe, alle Adressaten möglichst verlässliche und aussagefähige Beurteilungsmaßstäbe über die finanzielle und wirtschaftliche Situation des Unternehmens zu gewähren, damit z.B. Investoren das Ausmaß und den Sicherheitsgrad ihrer möglichen Beteiligung abschätzen können.

Tipp!

Nach §18 des Kreditwesensgesetz (KWG) muss ein Unternehmen, das bei einer Bank oder einem sonstigen Kreditinstitut um einen Kredit nachsucht, einen geprüften Jahresabschluss einschließlich des Prüfungsberichts vorlegen. Die Unterlagen dürfen dabei nicht älter als zwölf Monate sein.

Gesetzlich geregelt ist der Jahresabschluss im Handelsgesetzbuch sowie in den Steuergesetzen. Für deutsche Unternehmen, vor allem Konzerne, gelten z.T. auch → **Internationale Rechnungslegungsstandards**.

Welche Bestandteile hat ein Jahresabschluss?

Der Jahresabschluss besteht für Einzelkaufleute und → **Personenge-sellschaften** (OHG, KG) nach §242 HGB aus der → **Bilanz** und die → **Gewinn- und Verlustrechnung** (GuV).

Rechtlicher Hintergrund (§242 HGB)

(1) Der Kaufmann hat zu Beginn seines Handelsgewerbes und für den Schluss eines jeden Geschäftsjahrs einen das Verhältnis seines Vermö-gens und seiner Schulden darstellenden Abschluss (Eröffnungsbilanz, Bilanz) aufzustellen...

(2) Er hat für den Schluss eines jeden Geschäftsjahres eine Gegenüber-stellung der Aufwendungen und Erträge des Geschäftsjahres (Gewinn- und Verlustrechnung) aufzustellen.

(3) Die Bilanz und die Gewinn- und Verlustrechnung bilden den Jahresab-schluss.

Aktiengesellschaften, GmbHs und KGaAs, also → **Kapitalgesellschaf-ten**, haben laut §264 HGB einen erweiterten Jahresabschluss zu erstel-len, welcher aus Bilanz, Gewinn- und Verlustrechnung und → **Anhang** besteht.

Wichtig!

Der Anhang eines Jahresabschluss enthält zusätzliche und meist äu-ßerst wichtige Angaben sowie Erläuterungen zur Bilanz und Gewinn- und Verlustrechnung.

Den Jahresabschluss haben die Kapitalgesellschaften um den → **Lage-bericht** zu ergänzen. Der Lagebericht enthält allgemeine wirtschaftliche Informationen zur Vergangenheit, Gegenwart und Zukunft des Unter-nehmens (§289 HGB).

Rechtlicher Hintergrund (§264 Abs. 1 Satz 1 HGB)

Die gesetzlichen Vertreter einer Kapitalgesellschaft haben den Jahres-abschluss (§242 HGB) um einen Anhang zu erweitern, der mit der Bilanz und der Gewinn- und Verlustrechnung eine Einheit bildet, sowie einen Lagebericht aufzustellen.

Auch wenn GmbH & Co. KGs in der Literatur zu den Personengesellschaften gezählt werden, so müssen sie - aufgrund des Fehlens einer natürliche Person als Gesellschafter - nach § 264a HGB einen Jahresabschluss analog der Kapitalgesellschaften erstellen.

Was geschieht, wenn ein Jahresabschluss fehlt?

Das Registergericht kann auf Antrag von jedermann gegen die Geschäftsführung, den Vorstand oder andere Mitglieder des vertretungsberechtigten Organs einer Kapitalgesellschaft (wie z.B. laut §§335 und 335a HGB dem Aufsichtsrat oder Beirat) nach §335 HGB ein Zwangsgeld festsetzen, wenn der Pflicht zur Aufstellung eines Jahresabschlusses nicht nach gekommen wird.

Rechtlicher Hintergrund (§335 Abs. HGB)

Mitglieder des vertretungsberechtigten Organs einer Kapitalgesellschaft, die

1. §242 Abs. 1 und 2, §264 Abs. 1 über die Pflicht zur Aufstellung eines Jahresabschlusses und eins Lageberichts

2. §290 Abs. 1 und 2 über die Pflicht zur Aufstellung eines Konzernabschlusses und eines Konzernlageberichts

...

nicht befolgen, sind hierzu vom Registergericht durch Festsetzung eines Zwangsgeld nach §140a Abs. 1 des Gesetzes über die Angelegenheiten der freiwilligen Gerichtsbarkeit anzuhalten....

Das Zwangsgeld darf den Betrag von fünftausend Euro nicht übersteigen.

Wer muss wo und wann den Jahresabschluss offen legen?

Alle Kapitalgesellschaften, wie die GmbH, die Aktiengesellschaft und die KGaA, müssen grundsätzlich ihren Jahresabschluss veröffentlichen. Für sie gilt nach § 325 HGB die Pflicht, spätestens nach 12 Monaten den Jahresabschluss im elektronischen Bundesanzeiger (siehe www.bundesanzeiger.de) offen zu legen.

Rechtlicher Hintergrund (§325 Abs. 1 Satz 1 HGB)

Die gesetzlichen Vertreter von Kapitalgesellschaften haben für diese den Jahresabschluss beim Betreiber des elektronischen Bundesanzeigers elektronisch einzureichen. Er ist unverzüglich nach seiner Vorlage an die Gesellschafter, jedoch spätestens vor Ablauf des zwölften Monats des dem Abschlussstichtag nachfolgenden Geschäftsjahrs, mit dem Bestätigungsvermerk oder dem Vermerk über dessen Versagung einzureichen. Gleichzeitig sind der Lagebericht, der Bericht des Aufsichtsrats, die nach § 161 des Aktiengesetzes vorgeschriebene Erklärung und, soweit sich dies aus dem eingereichten Jahresabschluss nicht ergibt, der Vorschlag für die Verwendung des Ergebnisses und der Beschluss über seine Verwendung unter Angabe des Jahresüberschusses oder Jahresfehlbetrags elektronisch einzureichen. Angaben über die Ergebnisverwendung brauchen von Gesellschaften mit beschränkter Haftung nicht gemacht zu werden, wenn sich anhand dieser Angaben die Gewinnanteile von natürlichen Personen feststellen lassen, die Gesellschafter sind.

Damit diese Offenlegungsfrist eingehalten werden kann, gibt § 264 HGB weitere Termine vor. So müssen Kapitalgesellschaften den Jahresabschluss „in den ersten drei Monaten des Geschäftsjahrs für das vergangene Geschäftsjahr aufstellen" (Ausnahme: kleine Kapitalgesellschaften haben hierfür sechs Monate Zeit). Mit anderen Worten: Innerhalb der ersten drei Monate nach Ende des Geschäftsjahres ist die Erstellung des Jahresabschluss zu starten. Acht Monate nach Ende des Geschäftsjahres ist ferner der Jahresabschluss fest zu stellen (Ausnahme: Kleine Kapitalgesellschaften erst nach 11 Monaten).

Das Handelsgesetz (§267 HGB) unterscheidet bei der Pflicht zur Offenlegung (auch: Publizität) verschiedene Größenklassen der Kapitalgesellschaften. So genannte kleine Kapitalgesellschaften dürfen beispielsweise mindestens zwei der drei nachstehenden Merkmale nicht überschreiten:

Merkmale	Kleine Kapitalgesellschaft	Mittelgroße Kapitalgesellschaft	Große Kapitalgesellschaft
Bilanzsumme	Max. 4.840.000 €	Max. 19.250.000 €	Min. 19.250.000 €
Umsatzerlöse	Max. 9.680.000 €	Max. 38.500.000 €	Min. 38.500.000 €
Anzahl der Arbeitnehmer	Max. 50 Arbeitnehmer im Jahresdurchschnitt	Max. 250 Arbeitnehmer im Jahresdurchschnitt	Min. 250 Arbeitnehmer im Jahresdurchschnitt

Abbildung 20: Größenklassen von Kapitalgesellschaften (§267 HGB)

Kleine Kapitalgesellschaften müssen nun laut §326 HGB nur die Bilanz und den Anhang publizieren, während große Kapitalgesellschaften zudem ihren Jahresabschluss auch im Bundesanzeiger zu veröffentlichen haben (§ 325 Abs. 2 HGB).

Befreit sind von der Offenlegungspflicht die folgenden Unternehmen:

- Personengesellschaften, sobald bei ihnen wenigstens eine natürliche Person ein persönlich haftender Gesellschafter ist.

- Tochtergesellschaften von → **Konzernen**, deren Konzernabschlüsse offen gelegt wurden (§264 Abs. 3 HGB)

Wichtig!

Personengesellschaften ohne natürliche Personen als persönlich haftende Gesellschafter, wie bei einer GmbH & Co. KG oder einer GmbH & Co. OHG, haben ihren Jahresabschluss offen zu legen!

Personengesellschaftern mit natürlichen Personen als persönlich haftende Gesellschafter haben laut dem neueren Publizitätsgesetz (§ 1 PublG) dennoch auch ihren Jahresabschluss offen zu legen, wenn sie in den Bereich einer so genannten „großen Personengesellschaften" kommen. Als solche zählen sie bei einer Bilanzsumme von über 65 Mio. € oder einem Umsatz von über 130 Mio. € oder einer Anzahl von über 5.000 Mitarbeitern.

Kommt ein Unternehmen, oder genauer seine Geschäftsführung oder sein Vorstand der Pflicht zur Offenlegung des Jahresabschlusses nicht nach, so kann das Registergericht nach §335a HGB ein Ordnungsgeld festsetzen.

Rechtlicher Hintergrund (§335 HGB)

Gegen die Mitglieder des vertretungsberechtigen Organs einer Kapitalgesellschaft, die

1. §325 über die Pflicht zur Offenlegung des Jahresabschlusses, des Lageberichts, des Konzernabschlusses, des Konzernlageberichts und anderer Unterlagen der Rechnungslegung oder

2. §325a über die Pflicht zur Offenlegung der Rechnungslegungsunterlagen der Hauptniederlassung

nicht befolgen, ist wegen des pflichtwidrigen Unterlassens der rechtzeitigen Offenlegung vom Registergericht ein Ordnungsgeld nach §140a Abs. 2 des Gesetzes über die Angelegenheiten der freiwilligen Gerichtsbarkeit festzusetzen...

Das Ordnungsgeld beträgt nach §335a Satz 4 HGB mindestens zweitausendfünfhundert und höchstens fünfundzwanzigtausend Euro. Es bezieht sich auf alle Mitglieder des vertretungsberechtigten Organs einer Kapitalgesellschaft, also auch auf Aufsichträte und Beiräte.

Der Europäische Gerichtshof (EuGH) hatte am 29.9.1998 (Az: C-191/95) hierzu festgestellt, dass die Sanktionen gegen die Unternehmen, die ihre Bilanzen entgegen der Gesetzesvorschriften nicht offen legen, zu harmlos sind. Weiterhin wurde festgestellt, dass das o.g. Ordnungsgeld erst auf Antrag von Gesellschaftern, Gläubigern, Arbeitnehmern oder ihrer Vertreter in Gang gesetzt werden kann (EuGH-Urteil vom 4.12.1997, Az: C-97/96). Ein solches Verfahren reiche den EU-rechtlichen Anforderungen nicht aus.

Nach den Vorstellungen der europäischen Richter begeben sich diejenigen Geschäftsführer und Vorstände, die den Jahresabschluss einer publizitätspflichtigen Kapitalgesellschaft nicht offen legen, in die Gefahr, gegen §1 des Gesetzes gegen den unlauteren Wettbewerb (UWG) zu verstoßen. Als mögliche Folge kann dann neben dem Ordnungsgeldverfahren nach §335a HGB eine Unterlassungsklage wegen Verstoßes gegen §1 UWG betrieben werden. Dann wird das Gericht, bei dem die Unterlassungsklage anhängig ist, beurteilen müssen, ob die Aussetzung des Verfahrens nach §148 Zivilprozessordnung (ZPO) in Betracht kommt.

Wer prüft einen Jahresabschluss mit seinen Inhalten?

Zum Schutz der Gläubiger und der Öffentlichkeit ist ein Jahresabschluss von mittelgroßen und großen Kapitalgesellschaften von Abschlussprüfern zu prüfen und zu testieren. Daher wird dem Aspekt der Prüfung durch Wirtschaftsprüfer ein eigenes Kapital gewidmet (→ **Wirtschaftsprüfungsbericht**).

12 Kapital

Was bedeutet der Begriff „Kapital"?

Als Kapital oder Gesamtkapital bezeichnet man die Passivseite der →
Bilanz eines Unternehmens. Man bezeichnet die Passivseite auch als
die Seite der Mittelherkunft. Denn hier stehen die Finanzmittel, die auf
der Aktivseite (Mittelverwendung) für Investitionen in das Anlage- und
Umlauf-Vermögen verwendet wurden. Die Passivseite gliedert sich grob
in das Eigenkapital und das Fremdkapital auf.

Was versteht man unter Eigenkapital?

Das Eigenkapital umfasst die der Unternehmung vom Unternehmer oder
den Gesellschaftern ohne zeitliche Befristung zur Verfügung gestellten
finanziellen Mittel, die dem Unternehmen durch Zuführung von außen
oder durch Verzicht auf Gewinnausschüttungen von innen zufließen.
Gerade die im Unternehmen verbleibenden Jahresüberschusse (Gewinne) bewirken eine kontinuierliche Dynamik des Eigenkapitals: Hat die
Firma am Jahresende einen Jahresüberschuss (Gewinn), so erhöht sich
das Eigenkapital um diesen Wert. Umgekehrt reduziert sich das Eigenkapital im Falle eines Jahresfehlbetrags (Verlust). Konstant ist bei Kapitalgesellschaften laut §272 HGB nur die Position des gezeichneten Kapitals, welches im Folgenden genauer erläutert wird.

Das Eigenkapital verbrieft die Eigentumsrechte sowie die Stimmrechte,
das Recht auf einen Anteil am Gewinn sowie das Recht auf einen Anteil
an Liquidationserlösen. Es lässt sich auch als Ergebnis aus dem Vermögen abzüglich der Schulden darstellen.

Die §§266 und 272 HGB unterteilen das Eigenkapital in:

- Gezeichnetes Kapital

- Kapitalrücklagen

- Gewinnrücklagen

- Gewinnvortrag / Verlustvortrag

- Jahresüberschuss / Jahresfehlbetrag

Das gezeichnete Kapital ist die Summe aller Gesellschaftsanteile / Aktien zum Nennwert. Bei einer Aktiengesellschaft trägt es den Namen „Grundkapital", während es bei einer GmbH Stammkapital heißt ($\rightarrow$ **Unternehmensformen**). Dieses Grund- oder Stammkapital dient bei Kapitalgesellschaften als Haftungskapital des Unternehmens gegenüber den Gläubigern.

Wichtig!

Im Gegensatz zu den Personengesellschaften, bei denen die Gesellschafter sogar größtenteils mit ihrem Privatvermögen gegenüber den Gläubigern haften, haftet eine Kapitalgesellschaft nur mit seinem gezeichneten Kapital.

Das gezeichnete Kapital ist eine konstante Position, die rechtswirksam nur über eine Kapitalerhöhung (nach oben) oder eine Kapitalherabsetzung verändert werden kann, wobei das gesetzlich vorgeschriebene Mindestkapital bei einer GmbH 25.000€ (§5 GmbHG) bzw. bei einer Aktiengesellschaft 50.000€ (§7 AktG) beträgt. Das konstante Eigenkapital (Grund- bzw. Stammkapital, bzw. in der Bilanz das gezeichnete Kapital) bezeichnet man auch als Nominalkapital.
Die im §266 HGB folgenden Positionen des Eigenkapitals sind variable Größen, die - abgesehen von dem erwirtschaften Jahresüberschuss (oder Jahresfehlbetrag) und dem Gewinnvortrag (oder Verlustvortrag) - aus Rücklagen bestehen.

Die Kapitalrücklage umfasst die einer Kapitalgesellschaft von ihren Gesellschaftern neben dem Nominalkapital (gezeichnetes Kapital) zugeführten Eigenkapitalanteile. Gemäß §272 Abs. 2 HGB sind der Kapitalrücklage z.B. jener Betrag zuzuführen, der bei der Ausgabe von Gesellschaftsanteilen (z.B. Aktien) über den Nennwert hinaus erzielt wird (so genannter Agio). Aktiengesellschaften dürfen die Kapitalrücklage nur unter Beachtung einiger Vorschriften auflösen (§150 Abs. 3 und 4 AktG), während die Gesellschaften mit beschränkter Haftung (GmbH) bei der Auflösung der Kapitalrücklage keinen rechtlichen Bestimmungen unterliegen und somit über diese frei verfügen können.

Im Gegensatz zu der Kapitalrücklage, die sich aus Mittel zusammensetzt, die von außen dem Unternehmen zufließen, enthalten die Gewinnrücklagen Beträge, die im Unternehmen durch Einbehaltung von Teilen früherer oder aktueller Jahresüberschüsse (Gewinne) verbleiben. Dabei unterscheidet man die gesetzlichen Rücklagen (z.B. bei Aktiengesellschaften jährlich 5% des Jahresüberschusses, bis diese zusammen mit der Kapitalrücklage 10% des gezeichneten Kapitals betragen - §150 AktG), Rücklagen für eigene Anteile (der Gegenposten für die eigenen Aktien bei den Wertpapieren - §71 AktG), satzungsmäßige Rücklagen oder andere Gewinnrücklagen. In der Praxis sind meist in den „anderen Gewinnrücklagen" die höchsten Beträge enthalten.

Der Gewinnvortrag ist der Teil des Jahresergebnis der letzten Jahre, der weder an die Gesellschafter ausgeschüttet wurde, noch den Rücklagen zugeführt wurde oder auf sonstige Weise verwendet wurde. Der Verlustvortrag ist hingegen die Summe der aufgelaufenen Verluste der Vorjahre.

Der Jahresüberschuss oder Jahresfehlbetrag ist das Ergebnis des Geschäftsjahres. Oft wird der Jahresüberschuss auch als „Gewinn" bezeichnet. Diese Position ist die einzige direkte Verbindung zwischen der Bilanz und der Gewinn- und Verlustrechnung, da der Jahresüberschuss bzw. Jahresfehlbetrag aus der GuV ermittelt wird.

Wichtig!

Nach §268 HGB besteht eine Wahlmöglichkeit, nachdem ein Unternehmen in seiner Bilanz die Positionen Jahresüberschuss / Jahresfehlbetrag und Gewinn- / Verlustvortrag zusammenfügen kann und als so genannten Bilanzgewinn / Bilanzverlust ausweist.

Welche Bedeutung spielt das Eigenkapital in der Praxis?

Schon seit der Jahrtausendwende zeigt sich, dass viele deutsche Firmen gar kein Eigenkapital mehr ausweisen kann und ihre Existenz nur noch auf Schulden basiert. Besonders hart hat es den Mittelstand in Deutschland getroffen.

Konkret meldet der Deutsche Giro- und Sparkassenverband (DGSV) für 2010, das kleine Unternehmen (mit 0 bis 1 Mio. Euro Jahresumsatz) durchschnittlich 12,1% EK Quoten haben, der Mittelstand mit Umsätzen zwischen 0 und 50 Mio. Euro ca. 18,3% sowie Großunternehmen mit über 50 Mio. Euro Umsatz ca. 30,3 % Eigenkapitalquote (Quelle: DSGV: Diagnose Mittelstand 2012, S. 43f). Damit liegen diese EK Quoten weit unter dem guten Wert von 50%.

Noch schlimmer: Leid dem DSGV haben mindestens 36% aller kleinen Firmen bzw. 25% des sog. Mittelstands gar keine Eigenkapital mehr in ihrer Bilanz. Einer der Gründe ist, dass etwa ein Drittel der Mittelständler gar keinen jährlichen Überschuss (Gewinn) erwirtschaften. Damit basiert ihre Existenz nur noch auf Schulden! Gerade in der Diskussion um Basel II bzw. III (→ **Kreditwürdigkeit**) verlieren diese Unternehmen damit weiter an Kreditwürdigkeit, was widerrum zu erhöhten Kosten für Fremdkapital und zu einer Reduzierung des Gewinns führt.

Wichtig!

Verfügt ein Unternehmen über gar kein Eigenkapital und übersteigt das Fremdkapital sogar die Höhe des Vermögens, so liegt eine bilanzielle Überschuldung vor, die unter Umständen zu einer → **Insolvenz** führt. Dies stellt eine außerordentliche Bedrohung für die Arbeitsplätze der Beschäftigten dar! Eine unzureichende Eigenkapitalausstattung reduziert alleine bereits die Kreditwürdigkeit eines Unternehmens, was zu erhöhten Kosten bei der Fremdfinanzierung führt oder sogar das Unternehmen den Zugang zu neuen Finanzmitteln verwehrt.

Zusammengefasst bedeutet ein hohes Eigenkapital:

- eine positive Haftungsfunktion gegenüber den Gläubigern

- eine gute Ausgangslage zur Innenfinanzierung

- eine gute und dauerhafte Stabilität des Unternehmens

- eine hohe Unabhängigkeit von Banken und weiteren Kreditgebern

Was waren früher Sonderposten mit Rücklagenanteil?

Einige Unternehmen wiesen in der Vergangenheit in ihren Bilanzen auf der Kapitalseite eine spezielle Position namens „Sonderposten mit Rücklagenanteil" auf. Der § 247 III HGB (vor BilMoG) sah für alle Kaufleute vor, Passivposten zum Zwecke der Steuern vom Einkommen und Ertrag in der Handelsbilanz zu bilden. Diese waren als Sonderposten mit Rücklageanteil auszuweisen und nach Maßgabe des Steuerrechts dann aufzulösen. Die Bildung eines solchen Postens diente dazu, dass bestimmte

Teile des Gewinns in der aktuellen Periode nicht besteuert werden und vielmehr ihre Besteuerung in folgenden Perioden nachgeholt wird.

Beispiel: Das folgende Beispiel galt für eine Ersatzbeschaffung infolge höherer Gewalt: Eine Lagerhalle stand mit einem Buchwert von 250.000 € in der Bilanz und ist bei einer Feuerversicherung mit dem Wiederbeschaffungswert von 400.000 € versichert. Nach einem Brand und einer totalen Zerstörung zahlte die Versicherung die vertraglich vereinbarten 400.000 €. Im Normalfall buchte das Unternehmen die Versicherungszahlung von 400.000 € als „sonstige betriebliche Erträge" und buchte den Buchwert von 250.000 € als „sonstigen betrieblichen Aufwand" aus der Bilanz. Damit ergab sich ein „Überschuss" von 150.000 € zugunsten des Unternehmens, das dieses dann versteuern musste. Mit anderen Worten: Das Unternehmen musste Steuern zahlen, obwohl es eigentlich nur seinen Schaden behob! Damit dies nicht so war, bot das Steuerrecht (R 35 EStR) die Möglichkeit, den Betrag von 150.000 € als Sonderposten mit Rücklagenanteil auf der Passivseite auszuweisen, so dass kein „Überschuss" in der GuV und damit verbundenen Steuern anfiel.

Im Rahmen des BilMoG wurde § 247 III HGB sowie § 273 HGB komplett aufgehoben, d.h. handelsrechtlich darf kein Sonderposten mit Rücklageanteil mehr gebildet werden. Steuerlich hingegen ist die Bildung eines solchen Postens weiterhin möglich, so dass hier eine Abweichung zwischen der Handels- und der Steuerbilanz entstehen kann.

Was versteht man unter Fremdkapital?

Zum Fremdkapital rechnen alle Kapitalbeträge, die in absehbarer Zeit benötigt werden, um Verpflichtungen des Unternehmens gegenüber Dritten abzudecken. Im Gegensatz zum Eigenkapital steht das Fremdkapital dem Unternehmen zeitlich nur begrenzt zur Verfügung. In der handelsrechtlichen Bilanz wird das Fremdkapital durch folgende Positionen ausgewiesen:

- Rückstellungen

- Verbindlichkeiten

- Passive Abgrenzungsposten

Was sind Rückstellungen?

Durch → **Rückstellungen** werden künftige Risiken vorweggenommen und Mittel zur finanziellen Vorsorge für einen späteren Zeitpunkt gebildet. Es handelt sich um Aufwendungen, die ihren wirtschaftlichen Grund in der laufenden Periode haben, die aber erst in einer späteren Periode zu Auszahlungen führen.

Wichtig!

Die Bildung von Rückstellungen führt zu erhöhten Aufwendungen in der Gewinn- und Verlustrechung. Hierdurch kann im Sinne der → **Bilanzpolitik** der Jahresüberschuss reduziert werden! Die Hintergründe zu diesem wichtigen Tatbestand der → **Rückstellungen** werden unter einem separaten Stichwort aufgeführt.

Was sind Verbindlichkeiten?

Verbindlichkeiten sind – im Gegensatz zu Rückstellungen – Verpflichtungen eines Unternehmens, die am Bilanzstichtag ihrer Höhe und Fälligkeit nach feststehen. Mit anderen Worten: Das Unternehmen weiß ganz genau, wann und wie viel es, z.B. für eine Warenlieferung oder die Rückzahlung eines Kredits, bezahlen muss. Verbindlichkeiten sind juristisch erzwingbar, wenn eine Schuld besteht und der Schuldner ihr keine wirksame Einrede entgegensetzen kann.

Die Finanzierung eines Unternehmens durch die Aufnahme von Verbindlichkeiten gewährt eine Reihe von Vorteilen aber bewirkt auch einige Nachteile:

Vorteile aus der Nutzung von Verbindlichkeiten	Nachteile aus der Nutzung von Verbindlichkeiten
• Verbindlichkeiten (wie z.B. Bankkredite) können bei Liquiditätsengpässen kurzfristig die Zahlungsfähigkeit sichern • Keine Gewinnbeteiligung des Fremdkapitalgebers; dieser erhält nur die vertraglich vereinbarte Verzinsung seines zur Verfügung gestellten Kapitals • Schuldner profitiert von der Inflation • Hebelwirkung (sog. Leverage Effekt) bei guter Ertragslage, d.h. das Eigenkapital profitiert überproportional	• Abhängigkeit des Unternehmens von Kreditgebern • Stetige Zinsbelastung – auch in Verlustzeiten, d.h. während in schlechten Zeiten die Eigenkapitalgeber keine oder eine nur geringe Gewinnausschüttung (z.B. Dividende) erhalten, sind die Zinsen auf das Fremdkapital dennoch in voller vertraglich vereinbarter Höhe zu zahlen • Tilgung des aufgenommen Kredits • Kreditwürdigkeit nimmt mit zunehmender Verschuldung ab (→ **Kreditwürdigkeit**) • In einer Krisensituation ist selten ein fremder Dritter bereit, ohne zusätzliche Sicherheiten (z.B. Bürgschaften) einen Kredit zu geben.

Abbildung 21: Vor- und Nachteile aus Verbindlichkeiten

Nach §266 Abs. 3 HGB sind in der Bilanz die Verbindlichkeiten nach Gläubigergruppen (z.B. Kreditinstituten, Lieferanten, verbundene Unternehmen oder Beteiligungen) auszuweisen. Zudem fordert §268 Abs. 5 HGB die Unternehmen auf, alle Verbindlichkeit mit einer Restlaufzeit bis zu einem Jahr bzw. im §285 Abs. 1 HGB alle Restlaufzeiten über fünf Jahren gesondert aufzulisten. Die Angaben der Fristigkeit finden sich im Anhang des Jahresabschlusses.

Grundsätzlich lassen sich die verschiedenen Formen der Verbindlichkeiten in folgende Laufzeiten klassifizieren:

Verbindlichkeiten nach Laufzeiten	Inhalte
Langfristige und mittelfristige Verbindlichkeiten (Laufzeit minimal 1 Jahr)	• Anleihen: Sammelbegriff für festverzinsliche Schuldverschreibungen, die über den öffentlichen Kapitalmarkt gehandelt werden (z.B. Öffentliche Anleihen von Bund oder Kommunen, Pfandbriefe und Industrieobligationen). • Verbindlichkeiten gegenüber Kreditinstituten (Bankkredite) • Schuldscheindarlehen, Hypotheken- und Rentenschulden gegenüber Versicherungen
Kurzfristige Verbindlichkeiten (Laufzeit maximal 1 Jahr)	• Verbindlichkeiten aus Lieferungen und Leistungen • Schuldwechsel • Verbindlichkeiten gegenüber Kreditinstituten von unter einem Jahr • Erhaltenen Anzahlungen von Kunden (z.B. auf Bestellungen)
Sonstige Verbindlichkeiten	• Gehälter und Löhne, soweit noch nicht an die Beschäftigten ausbezahlt • Lohnsteuer, soweit noch nicht an das Finanzamt abgeführt • Sozialversicherungsbeiträge, also die einbehaltenen Abgaben wie der Arbeitnehmeranteil zur Renten-, Kranken- und Arbeitslosenversicherung sowie der Arbeitgeberanteil zur Sozialversicherung • Fällige Provisionen • Steuerschulden der Gesellschaft, sofern am Bilanzstichtag schon bekannt • Weitere einbehaltene und abzuführende Steuern, wie Kirchensteuer, Kapitalertragssteuer • Auszuschüttender Gewinn (wenn beschlossen!)

Abbildung 22: Verbindlichkeiten nach Laufzeiten

Wie auf der Aktivseite des Vermögens, erscheinen auch auf der Passivseite als letzte Position die Rechnungsabgrenzungsposten. Nach § 250 Abs. 2 HGB werden jene Einnahmen erfasst, die vor dem Bilanzstichtag vereinnahmt wurden, aber einen Ertrag für eine bestimmte Zeit nach diesem Sichttag darstellen.

Rechtlicher Hintergrund: §250 Abs. 2 HGB

Auf der Passivseite sind als Rechnungsabgrenzungsposten Einnahmen vor dem Abschlussstichtag auszuweisen, soweit sie Ertrag für eine bestimmte Zeit nach diesem Tag darstellen.

So zahlt ein Mieter an eine Wohnungsgesellschaft eventuell die Mieten jeweils für drei Monate im Voraus. War die letzte Zahlung am 1.12., so stellen die Mieteinnahmen für Januar und Februar passive Rechnungsabgrenzungsposten dar, die als Erträge dem nächsten Geschäftsjahr zuzuordnen sind.

Wie analysiert man die Kapitalstruktur?

Die Analyse der Kapitalstruktur erfolgt durch eine Reihe von Kennzahlen, zu denen vor allem die Eigenkapitalquote zu zählen ist. Die einzelnen Kennzahlen und ihre Bedeutungen werden in dem Kapital Bilanzanalyse (→ **Bilanzanalyse**) erläutert.

13 Kapitalgesellschaft und Genossenschaft

Was sind Kapitalgesellschaften?

Neben den → **Personengesellschaft** zählen auch die Kapitalgesellschaften zu den möglichen Rechtsformen eines Unternehmens. Die Kapitalgesellschaften sind im Gegensatz zu den Personengesellschaften nicht an die Person der Gesellschafter gebunden. Die Kapitalgesellschaften haben vielmehr eine eigene Rechtspersönlichkeit, die einer so genannten juristischen Person. Ihre Existenz hängt nicht vom Schicksal der einzelnen Gesellschafter ab, und auch der Tod oder einfache Wechsel eines Gesellschafters bedeutet keine existenzielle Gefährdung für die Kapitalgesellschaft.

Da juristische Personen zwar selbständig handeln können, ihnen aber die natürliche Handlungsfähigkeit fehlt, repräsentieren dafür bestimmte natürliche Personen ein Unternehmen nach außen. Solche Geschäftsführer, Vorstände etc. unterliegen den gesetzlichen und satzungsmäßigen Befugnisse der juristischen Person und treten in ihrem Namen gegenüber Dritten auf. Sie brauchen aber keine Beteiligung am Grund- oder Stammkapital der Gesellschaft halten. Ausnahme ist die KGaA.

Wichtig!

Haftungstechnisch ist eine persönliche Haftung der Eigentümer (z.B. Gesellschafter, Aktionär) bei Kapitalgesellschaften ausgeschlossen. Nur das Grund- und Stammkapital, d.h. das gezeichnete Kapital, dient als Haftungsgarantie für Gläubiger.

Kapitalgesellschaften zahlen ihre eigenen Steuern vom Gewinn (z.B. Körperschaftssteuer) und vom Vermögen. Sie können eigenes Eigentum erwerben. Im Gegensatz zu Personengesellschaften, erfolgen bei einer Kapitalgesellschaft die Abstimmungen in der Gesellschafter- oder Hauptversammlung nach Kapitalanteilen, nicht nach Köpfen.

Bei der Gründung einer Kapitalgesellschaft ist – im Gegensatz zu Personengesellschaften – ein Mindestkapital zu berücksichtigen, also eine Untergrenze für die Kapitaleinlage aller Gesellschafter. Die wichtigsten Formen der Kapitalgesellschaften sind die AG und die GmbH, während die KGaA relativ selten vorkommt.

Was ist eine Aktiengesellschaft?

Wesentliches Merkmal einer Aktiengesellschaft (AG) ist, wie der Name schon verrät, die Zerlegung des Grundkapitals in Aktien. Dies ermöglicht die Beschaffung großer Eigenkapitalbeträge über die Börsen und macht die AG damit zur bevorzugten Rechtsform für große Unternehmen mit hohem Kapitalbedarf. Die Gesellschafter werden Aktionäre genannt, von denen es mindestens fünf für eine Gründung benötigt. Aktien, die an einer Börse gehandelt werden, bieten einem Anlagewilligen (Person oder Unternehmen) eine leichte Möglichkeit, sich an einer Gesellschaft zu beteiligen. Möchte er seine Anteile wieder abstoßen, so verkauft er diese einfach zu dem aktuellen Tageskurs an der Börse. Da der Tageskurs am Verkaufstag höher sein kann, als der Kurz am Tag des eigenen Kaufes, bieten Aktiengesellschaften einen spekulativen Reiz. Umgekehrt trägt der Aktionär das Risiko des Kursverlustes, wie es gerade in den letzten Monaten oft der Fall war.

Rechtliche Grundlage für Aktiengesellschaften ist das Aktiengesetz (AktG), bzw. für die Rechnungslegung das HGB. Bei der Aktiengesellschaft haftet nur das Vermögen der Gesellschaft. Der Aktionär verliert im Insolvenzfall nur seinen Anteil, aber haftet nicht mit seinem Privatvermögen.

Die Geschäftsführungsbefugnis ist bei Aktiengesellschaften auf drei verschiedene Organe verteilt:

- Vorstand: Der Vorstand führt die laufenden Geschäfte der AG in eigener Verantwortung. Er besteht in der Regel aus mehreren Personen. Der Vorstand erstellt den Jahresabschluss, unterrichtet über die Unternehmensentwicklung und gibt einen Vorschlag zur Gewinnverwendung.

- Aufsichtsrat: Der Aufsichtsrat bestimmt den Vorstand, überwacht und berät ihn. Er ist das Kontrollorgan der AG und wirkt dementsprechend auch beim Jahresabschluss mit. Der Aufsichtsrat besteht aus – je nach Größe der AG – 3 bis 21 Personen, die z.T. Arbeitnehmervertretern sind.

- Hauptversammlung: Dies ist die Versammlung aller Aktionäre, die im Allgemeinen einmal im Jahr stattfindet. Sie wählt den Aufsichtsrat, entlastet den Vorstand und entscheidet über Fusionen, Kapitalerhöhungen und die Verwendung von 50% des Jahresüberschusses.

Rechtliche Grundlage für den Aufsichtsrat

Das Mitbestimmungsgesetz schreibt die Größe des Aufsichtsrats in Abhängigkeit von den Arbeitnehmerzahlen für die betroffenen Unternehmen vor (§7 Abs. 1 MitbestG). Bei mit in der Regel nicht mehr als 10.000 Arbeitnehmern besteht der Aufsichtsrat aus 12 Mitglieder, bei nicht mehr als 20.000 Arbeitnehmern aus 16 Mitgliedern und bei mehr als 20.000 Mitgliedern aus 20 AR-Mitgliedern. Die Hälfte der Aufsichtsräte wird von den Anteilseignern (Aktionäre, Gesellschafter) bestellt, die andere Hälfte von den Arbeitnehmern gewählt. §7 MitbestG regelt auch die Besetzung des Aufsichtsrats mit Vertretern von Gewerkschaften.

Neben dem Mitbestimmungsgesetz existieren noch weitere rechtliche Grundlagen für den Aufsichtsrat. Demnach muss der Aufsichtsrat aus einer durch drei teilbaren Zahl von Mitgliedern bestehen (§95 AktG, §35 VAG, § 77 Abs. 3 BetrVG 1952). Der Aufsichtsrat einer AG oder GmbH ist zudem Abhängig von der Größe des Grund- bzw. Stammkapitals (z.B. bis 1,5 Mio. Euro neun Mitglieder). BetrVG 1952 regelt zudem, dass mindestens ein Drittel der AR Mitglieder von den Arbeitnehmer zu wählen sind.

Das Eigenkapital der Aktiengesellschaft setzt sich aus verschiedenen Positionen zusammen (§ 266 Abs. 3 HGB: dem Grundkapital (gezeichnetes Kapital), die Kapitalrücklage, die Gewinnrücklagen sowie den Jahresüberschuss bzw. –verlust). Das Grundkapital entspricht der Summe der Nennwerte aller ausgegebenen Aktien, wobei der Nennwert einer Aktie der Wert ist, der auf der Aktie aufgedruckt ist. Das Grundkapital muss nach § 7 AktG mindestens 50.000 € betragen.

Geschäftsführungsbefugnis und Vertretungsmacht liegen bei der Aktiengesellschaft im gewählten Vorstand, der in der Regel aus mehreren natürlichen Personen besteht. Die Mitglieder des Vorstands haben Gesamtgeschäftsführungsbefugnis. Dies bedeutet, dass sie innerhalb des Unternehmens alle Entscheidungen gemeinsam treffen müssen. Auch nach außen müssen die Mitglieder des Vorstands die Geschäfte und Verträge gemeinsam abschließen, d.h. sie haben Gesamtvertretungsmacht. Wenn von dieser gesetzlichen Regelung abgewichen wird, ist eine Eintragung in das Handelsregister notwendig. Dies ist in der Praxis auch meistens der Fall, wonach bestimmte Vorstände für bestimmte Themengebiete, Organisationseinheiten oder Projekte bis zu bestimmten Budgethöhen eigenverantwortlich sind.

Die Gewinnausschüttung an die Gesellschafter, die Aktionäre, erfolgt durch eine Dividende. Diese wird vom Vorstand vorgeschlagen, von der Hauptversammlung beschlossen und – neben dem Unternehmensgewinn – nach der Anzahl der gehaltenen Nennwerte bemessen. Erwirtschaftet allerdings die Aktiengesellschaft einen Verlust, so kann die Dividendenauszahlung ausgesetzt werden. Auch bei der AG führen Verluste dann zu einer Minderung des Eigenkapitals. Ist die Gesellschaft sogar überschuldet, dann kann es zu einer Insolvenz kommen.

Der besondere Vorteil der Aktiengesellschaft liegt in der vergleichsweisen einfachen Möglichkeit, hohe Beträge an Eigenkapital zu beschaffen. Dies ist der Hauptgrund, warum die meisten großen deutschen Unternehmen Aktiengesellschaften sind. Die Aktionäre profitieren von der einfachen Übertragbarkeit ihres Gesellschaftsanteils, während ihre Haftung auf diesen beschränkt ist. Aufgrund der geringen Haftbarkeit der Eigentümer einer AG gelten zum Schutz der Gläubiger strenge Bestimmungen bei der Aufstellung und Veröffentlichung des Jahresabschlusses. Der für die Mitarbeiter wichtigste Vorteil aus Aktiengesellschaften ist die Möglichkeit der Mitbestimmung im Aufsichtsrat, und somit der Kontrolle und direkten Einflussnahme auf den Vorstand.

Eine spezielle Form der Aktiengesellschaft ist die „Kleine AG". Sie soll die Attraktivität dieser Rechtsform auch für mittelständische Unternehmen erhöhen. Für die Gründung genügt bereits ein einzelner Gesellschafter, und nicht mehr fünf. Zudem gibt es zahlreiche Verwaltungsvereinfachungen, wie z.B. bei der Einberufung einer Hauptversammlung und der Publizitätspflicht.

Was ist eine Gesellschaft mit beschränkter Haftung (GmbH)?

Die Gesellschaft mit beschränkter Haftung ist vor allem bei kleinen und mittleren Betrieben beliebt, deren Eigentümer ihre Haftung auf ihre Kapitaleinlagen beschränken wollen. Doch auch einige größere Unternehmen wählten die Rechtsform einer GmbH, da diese im Vergleich zu einer AG einen geringeren administrativen und formellen Aufwand bedeutet.

Die Struktur der GmbH ist durch zwei bis drei Organe gekennzeichnet:

- Geschäftsführung: Ein oder mehrere Geschäftsführer führen die laufenden Geschäfte der GmbH in eigener Verantwortung. Die Geschäftsführer werden von der Gesellschaftsversammlung gewählt und können selbst Gesellschafter sein.

- Gesellschaftsversammlung: Dies ist die Versammlung aller Eigentümer. Sie wählt den Vorstand und beruft diesen auch ab, legt den Jahresüberschuss fest und entscheidet über die Gewinnverwendung und alle strategischen Fragen des Unternehmens. Die Geschäftsführer sind an die Weisungen der Gesellschafterversammlung gebunden.

- Aufsichtsrat: Die Bildung eines Aufsichtsrats ist erst bei einem Unternehmen mit mehr als 500 Beschäftigten vorgeschrieben (§77 BetrVG 1952). Dann übernimmt der Aufsichtsrat die Funktion des höchsten Kontrollorgans.

Geschäftsführungsbefugnis und Vertretungsmacht stehen den Geschäftsführern zu, wobei für sie sowohl die Gesamtgeschäftsführungsbefugnis sowie die Gesamtvertretungsmacht gelten. Für die Verbindlichkeiten der GmbH gegenüber Gläubigern haftet nur das Vermögen der Gesellschaft, weshalb im Insolvenzfall der Gesellschafter nur seine Stimmeinlage verliert. Allerdings kann in einer Satzung eine Nachschusspflicht vorgesehen sein. Die Verteilung von Gewinnen und Verlusten ist wie bei der AG geregelt.

Die Gesellschaft zur beschränkten Haftung, für deren Gründung es nur eine einzige Person benötigt, unterliegt den gesellschaftsrechtlichen Regelungen des GmbH-Gesetzes. Die Einlagen der Gesellschafter finden sich im Stammkapital, analog dem Grundkapital bei einer AG. Das Stammkapital muss mindestens 25.000 € betragen (§5 GmbHG), die einzelne Stimmeinlage mindestens 100 €. Im Gegensatz zu einer AG können die Einlagen der Gesellschafter nur mittels einer notariell beurkundeten Abtretung übertragen werden. Der Zugang an die Börse ist versperrt! Das Eigenkapital setzt sich erneut laut §266 Abs. 3 HGB aus dem Stammkapital, der Kapitalrücklage, den Gewinnrücklagen und dem Jahresergebnis zusammen

Die GmbH wird sehr gerne von kleinen und mittleren Unternehmen als rechtliche Organisationsform gewählt. Dies resultiert aus der Haftungsbeschränkung und der hohen Flexibilität bei der Ausgestaltung der rechtlichen Beziehungen zwischen den Gesellschaftern. Allerdings ist der Kapitalmarkt für die GmbH verschlossen und eine Übertragung der Anteile wird nur notariell beurkundet vollzogen. Aufgrund der Haftungsbeschränkung der Gesellschafter reduziert sich die Kreditwürdigkeit.

Was ist eine Kommanditgesellschaft auf Aktien (KGaA)?

Die Kommanditgesellschaft auf Aktien ist eine Kombination einer Kommanditgesellschaft (→ **Personengesellschaft**) und einer Aktiengesellschaft. Sie gehört im Gegensatz zu der GmbH & Co.KG jedoch zu den Kapitalgesellschaften. Mindestens ein Gesellschafter, der Komplementär, haftet persönlich, gesamtschuldnerisch, unmittelbar und unbeschränkt mit seinem gesamten Vermögen, während die übrigen Gesellschafter, die Kommanditaktionäre, nur mit den Einlagen auf das in Aktien zerlegte Grundkapital beteiligt sind. Die KGaA ist eine juristische Person und steht deshalb der AG näher als der KG. Sie unterliegt gesellschaftsrechtlich dem Aktiengesetz (AktG).

Die Organe der KGaA sind, wie bei den klassischen Aktiengesellschaften, der Vorstand, der Aufsichtsrat und die Hauptversammlung. Eine Besonderheit besteht in der Zusammensetzung des Vorstands: Dieser wird nur von den Komplementären gebildet, weshalb man auch von einem „geborenen" Vorstand spricht. Die Geschäftsführungsbefugnis und Vertretungsmacht ist wie bei der KG geregelt.

Die Eigenkapitalbeschaffung geschieht über die Einlagen der Komplementäre sowie über Aktienemission, mit Beteiligungen der Kommanditaktionäre. Dabei setzt sich das Eigenkapital wie bei den anderen Kapitalgesellschaften nach §266 Abs. 3 HGB zusammen. Das Grundkapital beträgt mindestens 50.000 €. Die Gewinn- und Verlustverteilung ist wie bei Aktiengesellschaften geregelt.

Eine KGaA geht oftmals aus einer KG hervor, die sich den Zugang zum Kapitalmarkt verschaffen möchte. Die Kommanditanteile der Kommanditisten werden zunächst in Aktien umgewandelt. Im Anschluss wird dann über die Börse eine weitere Aktienemission lanciert. Damit bestehen die gleichen Möglichkeiten der Kapitalbeschaffung wie bei den Aktiengesellschaften. Die Komplementäre haften – im Gegensatz zu den Vorständen eine AG - mit ihrem persönlichen Vermögen und haben daher ein intensives Interesse an der Geschäftsführung. Dies werten Gläubiger sehr und die Banken gewähren eine hohe Kreditwürdigkeit.

Was ist eine Genossenschaft?

Eine Genossenschaft ist eine Gesellschaft mit einer nicht geschlossenen Anzahl von mindestens sieben Mitgliedern, den Genossen. Die Gesellschaft dient einem wirtschaftlichen Zweck. Historisch lag der Fokus der Genossenschaften vor allem auf einer nicht gewinnstrebenden, kaufmännischen Selbsthilfe der Mitglieder durch gegenseitige Förderung. Die Entwicklung der letzten Jahre zeigt aber, dass vor allem große Genossenschaften immer mehr die Züge von Kapitalgesellschaften annehmen.

Alle Genossen sind gleichberechtigt, jedes Mitglied hat in der Generalversammlung unabhängig von der Höhe der eigenen Kapitaleinlage nur eine Stimme. Die Genossenschaft ist weder eine Personen- noch eine Kapitalgesellschaft, sondern ein wirtschaftlicher Verein. Sie ist eine juristische Person und im Handelsregister eingetragen. Die gesellschaftliche Regelung erfolgt durch das Genossenschaftsgesetzt (GenG). Die Eigenkapitalbeschaffung erfolgt über die Geschäftsanteile, die die Gesellschaft den Genossen anbietet. Die Genossen brauchen ihre Kapitaleinlage nicht sofort gesamt einbezahlen: Nur eine gewisse Mindesteinlage ist bei Eintritt in die Genossenschaft zu bezahlen. Daraufhin können etwaige Gewinne so lange diesen Geschäftsguthaben der einzelnen Genossen gutgeschrieben werden, bis der gezeichnete Geschäftsanteil erreicht ist. Tritt ein Genossen später aus der Gesellschaft aus, erhält er sein Geschäftsguthaben ausbezahlt. Die Genossenschaft verfügt somit ständig über eine mit der Mitgliederzahl schwankendes Eigenkapital.

Die Organe der Genossenschaft sehen wie folgt aus:

- Vorstand: Der Vorstand führt wie bei der AG die laufenden Geschäfte der Genossenschaft in eigener Verantwortung. Die Geschäftsführer werden von der Generalversammlung gewählt und müssen selbst Genossen sein.

- Aufsichtsrat: Der Aufsichtsrat ist wie bei der AG das höchste Kontrollgremium der Genossenschaft.

- Generalversammlung: Dies ist die Versammlung aller Genossen. Sie wählt den Vorstand und beruft diesen auch ab.

Jeder Genosse haftet für die Verluste der Genossenschaft mit seiner Haftsumme, die mindestens seinem Geschäftsanteil entspricht und in den Statuten der Gesellschaft festgelegt ist. Es gibt aber auch Genossenschaften mit unbeschränkter Haftung: Hier haften die Genossen mit ihrem gesamten Privatvermögen.

Die Gewinnverteilung wird den Geschäftsguthaben entsprechend ihrem jeweiligen Umfang zugeschrieben. Eine Gewinnentnahme ist erst möglich, wenn das Geschäftsguthaben vollständig einbezahlt ist, also größer als der Geschäftsanteil ist. Auf Grund ihres Charakters als Selbsthilfe-Institution haben die Genossenschaften gewisse steuerliche Vorteile. Allerdings verlieren immer mehr größere Genossenschaften diesen Selbsthilfe-Charakter und bedienen auch Nicht-Mitglieder. Je größer dieser Umfang der Nicht-Mitglieder-Geschäfte wird, desto mehr nähert sie sich dem Charakter der Kapitalgesellschaften mit ihrer Gewinnmaximierung.

Wichtig!

Die Besonderheit der Genossenschaft liegt in der Gleichberechtigung aller Genossen, unabhängig von der Höhe ihrer persönlichen Kapitaleinlage in die Gesellschaft.

Während aber bei einer Aktiengesellschaft oder einer GmbH das Grund- bzw. Stammkapital in das Vermögen der Gesellschaft übergeht, bleibt die Einlage der Genossen deren persönliche Guthaben, die sie bei Austritt aus der Genossenschaft wieder der Gesellschaft entnehmen können. Dies wird in der Praxis oft als eine Schwachstelle der Genossenschaftsform bezeichnet.

14 Konzern

Immer mehr Unternehmen gehören heute zu Konzernen. Dies hat diverse Auswirkungen auf die Transparenz über die wirtschaftliche Lage eines Unternehmens, angefangen bei der Komplexität der wirtschaftlichen Informationen und Datenquellen, neuen Alternativen zur Verschleierung der wirtschaftlichen Lage eines Betriebs bis hin zu unangenehmen Möglichkeiten, die wirtschaftliche Lage eines Betriebs noch schlechter zu rechnen, als es schon die → **Bilanzpolitik** erlaubt.

Was ist ein Konzern?

Ein Konzern ist nach §18 AktG ein Zusammenschluss von Unternehmen, zwischen denen ein Abhängigkeitsverhältnis besteht.

Rechtlicher Hintergrund: §18 Abs. 1 AktG

Sind ein herrschendes Unternehmen und ein oder mehrere abhängige Unternehmen unter der einheitlichen Leitung des herrschenden Unternehmens zusammengefasst, so bilden sie einen Konzern; die einzelnen Unternehmen sind Konzernunternehmen. Unternehmen, zwischen denen ein Beherrschungsvertrag (§291) besteht oder von denen das eine in das andere eingegliedert ist (§319), sind als unter einheitlicher Leitung zusammengefasst anzusehen. Von einem abhängigen Unternehmen wird vermutet, dass es mit dem herrschenden Unternehmen einen Konzern bildet.

Das besondere Unterscheidungsmerkmal von Konzernen ist somit das Abhängigkeitsverhältnis! Dabei herrschen in der Regel so genannte Unterordnungskonzerne vor, bei denen eine Muttergesellschaft eine Anzahl von Tochtergesellschaften beherrscht.

Rechtlicher Hintergrund: §17 Abs. 1 AktG

Abhängige Unternehmen sind rechtlich selbständige Unternehmen, auf die ein anderes Unternehmen (herrschendes Unternehmen) unmittelbar oder mittelbar einen beherrschenden Einfluss ausüben kann.

Eine Muttergesellschaft bildet mit ihren Tochtergesellschaften nach §290 Abs. 2 HGB einen Konzern mit Abhängigkeitsverhältnissen, wenn:

- Die Muttergesellschaft die Mehrheit der Stimmrechte bei einem anderen Unternehmen (Tochtergesellschaft) zusteht (siehe auch §17 Abs. 2 AktG),

- der Muttergesellschaft das Recht zusteht, die Mehrheit der Mitglieder des Verwaltungs-, Leitungs- oder Aufsichtsorgans zu bestellen oder abzuberufen, und sie gleichzeitig Gesellschafter ist,

- der Muttergesellschaft das Recht zusteht, einen beherrschenden Einfluss auf Grund eines mit dem Unternehmen (Tochtergesellschaft) geschlossenen Beherrschungsvertrags oder auf Grund einer Satzungsbestimmung dieses Unternehmens auszuüben oder

- die Muttergesellschaft bei wirtschaftlicher Betrachtung die Mehrheit der Risiken und begrenzten und genau definierten Ziels des Mutterunternehmens dient (Zweckgesellschaft).

Wichtig!

Eine Konzernstruktur liegt demnach auch dann vor, wenn z.B. an einer Tochtergesellschaft (AG) gar keine Aktienmehrheit gehalten wird, sondern lediglich ein Beherrschungsvertrag existiert.

Es gibt aber auch so genannte Gleichordnungskonzerne, bei denen zwei oder mehr gleichstarke Gesellschaften miteinander ein Abhängigkeitsverhältnis (z.B. durch gegenseitigen Aktientausch) eingehen.

Rechtlicher Hintergrund: §18 Abs. 2 AktG

Sind rechtlich selbständige Unternehmen, ohne dass das eine Unternehmen von dem anderen abhängig ist, unter einheitlicher Leitung zusammengefasst, so bilden sie auch einen Konzern; die einzelnen Unternehmen sind Konzernunternehmen.

Die Beibehaltung der rechtlichen Selbständigkeit der Konzernunternehmen führt dazu, dass der Konzern selbst keine rechtliche Einheit darstellt. Damit gilt der Konzern z.B. nicht als selbständiges Steuerobjekt. Der Konzern hat auch keine eigenen Anteilseigner, sondern nur die Gesellschafter seiner einzelnen Konzernunternehmen.

Wie können Konzerne entstehen?

Konzernstrukturen können auf vielfältige Art und Weise entstehen:

*   Erwerb von Beteiligungen an anderen Unternehmen

*   Kauf bzw. Verkauf von Betrieben oder Betriebsteilen

*   Spaltung von Unternehmen

*   Ausgliederung von Unternehmensteilen

*   Vermögensübertragung

Mögliche Folgen bzw. Konsequenzen solcher Konzernstrukturen können sein:

*   Manipulation der wirtschaftlichen Lage einzelner Tochtergesellschaften; wie z.b. durch zu hohe interne Verrechnungspreise oder Konzernumlagen (→ **Bilanzpolitik**)

*   Möglichkeit des Konzerns der Ergebnisoptimierung durch Gewinnverlagerung in steuerbegünstigte (z.b. ausländische) Unternehmen

Welche Auswirkungen hat die Struktur eines Konzerns?

Wichtig in Konzernstrukturen ist die Tatsache, dass die rechtliche Selbständigkeit der Tochtergesellschaften erhalten bleibt! Mit anderen Worten: Jedes Unternehmen hat eine eigene → **Unternehmensrechtsform** und ist im Handelsregister seines individuellen Firmensitzes eingetragen. Der Konzern bildet nur eine wirtschaftliche Einheit.

116

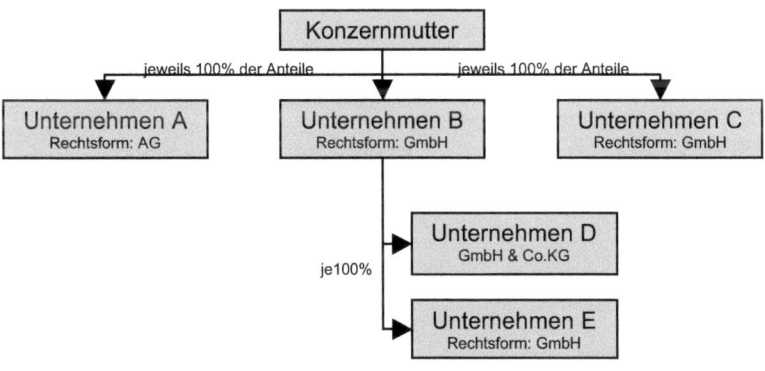

Abbildung 23: Beispiel einer Konzernstruktur

In dem Beispiel einer Konzernstruktur hat die Konzernmutter drei direkte Konzerntöchter (A, B und C), die zum Teil wieder eigene Tochtergesellschaften haben (Unternehmen B hat die Töchter D und E). Jedes dieser Unternehmen (A bis E) ist rechtlich selbständig und kann die unterschiedlichste Rechtsform aufweisen. Aufgrund der in diesem Beispiel stets 100 %-igen Anteile an den jeweiligen Tochtergesellschaften kann die Konzernmutter über das Unternehmen B sogar bis auf das Unternehmen E durchgreifen und die dortige Unternehmenspolitik vorgeben. Unternehmen C hat keine eigenen Tochtergesellschaften, sondern zwei verschiedene Standorte C1 und C2. Beide Standorte gelten jeweils als ein Betrieb.

Was ist eine Holding?

Immer mehr Konzerne haben sich seit den 90er-Jahren eine neue Konzernstruktur unter Einbezug einer Holding verliehen. Eine Holding charakterisiert dabei eine Gesellschaft eines Konzerns, deren Funktion hauptsächlich in der der Verwaltung von Kapitalbeteiligungen an den Tochterunternehmen sowie dem Verkauf und Erwerb weiterer Beteiligungen liegt. Die operativen Funktionen, insbesondere die Produktion bzw. Dienstleistung, verbleiben hingegen bei den Tochterunternehmen. Der Begriff „Holding" kommt aus der englischen Sprache und bezeichnet

„festhalten", also das halten von Besitzanteilen der nach geordneten Unternehmen.

Holdingunternehmen fungieren oft als Dachgesellschaften, die den Kopf des gesamten Konzerns darstellen. Der Gegenbegriff einer solchen Holding ist das „Stammhaus", das als Obergesellschaft selbst auch operative Funktionen (z.B. Produktion und Erstellung von Dienstleistungen) erbringt. Stammhäuser sind meistens größer und bedeutender als die Tochtergesellschaften.

Es gibt mindestens zwei Arten einer Holding, wobei als Unterscheidungsmerkmal die Art der Funktion sowie der Entscheidungskompetenz ausschlaggebend ist:

1) Reine Beteiligungsverwaltungsholding: Eine reine Beteiligungsverwaltungsholding hält Anteile an anderen Unternehmen und verwaltet diese. Ihre Entscheidungsträger üben jedoch keinen Einfluss auf die Geschäftsführung der Tochterunternehmen aus.

2) Managementholding: Eine Managementholding nimmt über die reine Verwaltung der Beteiligungen hinaus zusätzliche unternehmerische Tätigkeiten wahr, wobei hier verschiedenste Varianten denkbar sind:

    a) Bei einer operativen Holding wird etwa direkt in die operative Geschäftstätigkeit der Tochterunternehmen eingegriffen. Die Töchter sind in diesem Fall stark von der Konzernleitung abhängig, die Entscheidungen weitgehend zentralisiert.

    b) Etwas geringer ist die Abhängigkeit der Töchter bei einer strategischen Holding. Sie hat lediglich konzernleitende Funktion und behält sich hierfür die konzernstrategischen Entscheidungen (z. B. Kauf u. Verkauf von Gesellschaften, Bereitstellung von Finanzierungen, Forschung u. Entwicklung) vor.

    c) Noch geringer ist der Einfluss bei einer Finanzholding. Eine Beherrschung oder koordinierende Einflussnahme auf das Geschäft der Konzerntöchter steht nicht im Vordergrund. Ihre Aufgabe ist die Koordination von Finanzmitteln, womit freilich auch die Investitionstätigkeit der Töchter mitbestimmt wird.

Die Wahl der jeweiligen Holdingform hängt wesentlich von folgenden Einflussgrößen ab: Führungsanspruch der Konzernleitung, Diversifikationsgrad der Konzernaktivitäten, Globalisierung der Geschäftsfelder, Professionalität des Managements der einzelnen Geschäftsfelder, der Ausrichtung der Führungsinstrumente (eher strategie- oder eher budgetorientiert) und dem Wunsch der Konzernleitung zum eignen Wertschöpfungsbeitrag.

Welche Pflichten hat eine Konzerngesellschaft?

Die einzelnen Unternehmen in einem Konzernverbund haben gegenüber der Konzernmutter verschiedene Pflichten:

* Orientierung an Konzern-Oberzielen: Die Tochtergesellschaften haben sich nach den Vorgaben der → **Unternehmensziele** und → **Unternehmensstrategien** der Konzernmutter zu richten.

* Rechenschaftsablegung: Die Tochtergesellschaften geben ihrem Gesellschafter (Muttergesellschaft) Rechenschaft über die eigene wirtschaftliche Lage und Entwicklung ab. Dies geschieht meist mit Hilfe der monatlichen Erfolgsrechnung, eventuellen Quartalsabschlüssen und auf jeden Fall mit dem eigenen → **Jahresabschluss** der Tochtergesellschaft.

* Bilanzerstellung: Neben der Handelsbilanz des Jahresabschlusses erstellt jede Tochtergesellschaft eine eigene Steuerbilanz (→ **Bilanz**), da jedes Einzelunternehmen für sich steuerpflichtig ist.

Die Muttergesellschaft hat neben seiner Finanz- und Managementfunktion besonders die Verantwortung, einen → **Konzernabschluss** zu erstellen!

Was ist im Finanzbereich bei Konzernen zu beachten?

Besonders innerhalb von Konzernstrukturen haben sich im Laufe der letzten Jahrzehnte einige hoch interessante Finanzinstrumente und -organisation ergeben. Zu den beiden wichtigsten zählen sicherlich die Einführung des Cash Managements sowie das Credit Management.

Das Cash Management hat als zentrale Aufgabe, die tägliche Zahlungsbereitschaft (→ **Liquidität**) des Konzerns sicherzustellen. Ziel ist es, die gesamten Zahlungsmittel (z.b. Kassenbestände, Scheck- und Bankguthaben, Geldmarktpapiere und Festgelder) optimal anzulegen und zu bewirtschaften. Dazu bündelt das Cash Management in vielen Konzernen die individuellen Zahlungsmittel der einzelnen Tochtergesellschaften! Man spricht dabei von einem gruppeninternen Liquiditätsausgleich, insbesondere durch das sog. „Pooling" von liquiden Mitteln und dem sog. „Netting". Beim Netting handelt es sich um eine Kompensation von Forderungen und Verbindlichkeiten gegenüber Dritten. Mit anderen Worten: Hat eine Konzerntochter bei einem Lieferanten noch Verbindlichkeiten offen, während eine andere Konzerntochter gegenüber dem gleichen Lieferanten Forderungen hat, so kompensiert das Cash Management diese Positionen, um Überweisungen von und zum Lieferanten zu vermeiden. Netting dient auch zur Absicherung gegen Währungsrisiken im internationalen Zahlungsverkehr einer Konzerngruppe.

Wichtig

Das konzernweite Cash Management unterstützt die Einrichtung von „Gewinnabführungsverträgen" von Konzerntöchtern an die Konzernmutter. Ziel ist dabei, dass der gesamte Jahresüberschuss und die damit verbundene Erhöhung des Eigenkapitals direkt dem ganzen Konzern zur Verfügung steht. Umgekehrt verliert die Tochter den direkten Zugriff auf die erwirtschafteten finanziellen Mittel aus dem Jahresüberschuss.

Eng mit dem Cash Management ist das Credit Management verbunden. Hierbei handelt es sich um das konzernweite Überwachen, Verwalten und Akquirieren von Verbindlichkeiten. Diese Funktion umfasst die Prüfung der Kreditwürdigkeit von Kunden, die Festlegung der Zahlungs- und Kreditbedingungen, die Überwachung der eingeräumten Kreditlinien, die Durchführung des Mahnwesens sowie die Beschaffung und Auswertung aller greifbaren Informationen über Kreditnehmer und Kreditgeber.

Wichtig

Neben Gewinnabführungsverträgen, Credit- und Cash Management existiert in Konzernen eine Vielzahl weiterer Möglichkeiten, um den Gewinn eines einzelnen Betriebs den Konzerninteressen »anzupassen«. So dienen überteuerte Einkaufspreise, die einzelne Konzerngesellschaften für Dienstleistungen oder Waren von einem anderen Konzernbetrieb

---

zahlen müssen (Stichwort: Interne Verrechnungspreise) der Minimierung des Gewinns des einkaufenden Betriebs. Konzernumlagen für zentrale Dienste, wie z.B. ein konzernweites Controlling oder Personalwesen, können ebenfalls den lokalen Gewinn schmäler.

Ein bekanntes Beispiel für Konzernmaßnahmen zu Lasten einzelner Betriebe ist der Autokonzern General Motors mit seiner europäischen Tochter Opel: Opel hat in der Vergangenheit alle Patente und Rechte für die Fahrzeugentwicklung an den Mutterkonzern General Motors übertragen müssen. Diese waren vor allem vom Forschungs- und Entwicklungszentrum in Rüsselsheim mit seinen mehreren tausend Arbeitnehmern erbracht worden. Deshalb muss Opel nun für jedes verkaufte Fahrzeug eine Lizenzgebühr an den Mutterkonzern zahlen. Früher war dies umgekehrt: Da erhielt Opel für seine Markenrecht am Namen Opel für jedes außerhalb von Deutschland verkaufte »Opel«-Fahrzeug eine Lizenzgebühr von 5 Prozent.

15 Konzernabschluss

Was ist ein Konzernabschluss?

Jedes Einzelunternehmen hat innerhalb einer Konzernstruktur einen Jahresabschluss sowie eine Steuerbilanz zu erstellen. Zusätzlich hat nach §290 HGB das Mutterunternehmen einen Konzernabschluss und einen Konzernlagebericht zu erstellen.

Rechtlicher Hintergrund: § 290 Abs. 1 HGB

Stehen in einem Konzern die Unternehmen unter einer einheitlichen Leitung einer Kapitalgesellschaft (Mutterunternehmen) mit Sitz im Inland und gehört dem Mutterunternehmen eine Beteiligung nach §271 Abs. 1 an dem oder den anderen unter der einheitlichen Leitung stehenden Unternehmen (Tochterunternehmen), so haben die gesetzlichen Vertreter des Mutterunternehmens in den ersten fünf Monaten des Konzerngeschäftsjahres für das vergangene Konzerngeschäftsjahr einen Konzernabschluss und einen Konzernlagebericht aufzustellen.

Es erfolgt eine Zusammenfassung der Einzelunternehmen zu einem gemeinsamen, konsolidierten Jahresabschluss, dem Konzernabschluss.

Wichtig!

Zur Beurteilung der Vermögen-, Finanz- und Ertragslage eines Konzerns reichen die Einzelabschlüsse nicht aus, denn:

(a) Konzernunternehmen sind nicht unabhängig von den Interessen und Entscheidungen des Mutterunternehmens.

(b) Wirtschaftliche Entwicklung des Einzelunternehmens ist vom Konzern abhängig.

(c) Die einfache Addition der Posten der Einzelabschlüsse führt zu Doppelerfassungen.

(d) Der Zugang zu Informationen bei bestimmten Rechtsformen, z. B. Personengesellschaften, ist erschwert.

(e) Es gibt genügend Manipulationsmöglichkeiten der Einzelabschlüsse, z. B. durch Gewinnverlagerungen oder Gewinnabschöpfungen innerhalb der Konzernunternehmen.

Wie erfolgt die Zusammenfassung der Einzelunternehmen?

Alle Unternehmungen eines Konzern (Mutter- und Tochterunternehmen) werden mit ihren Vermögenswerten und Kapitalwerten in einen gemeinsamen Jahresabschluss integriert. Dies geschieht nach §294 HGB unabhängig vom jeweiligen Geschäftssitz (Inland / Ausland) und klassischer Weise nach drei Schritten:

- Vereinheitlichung der Einzelabschlüsse: Zur Vereinheitlichung der Abschlüsse der einzelnen Konzernunternehmen sind z.b. die Bilanzstichtage zu harmonisieren sowie konzerneinheitliche Bilanzierungswahlrechte (→ **Bilanzpolitik**) zu definieren.

- Erstellung einer Summenbilanz: Die Werte gleichnamiger Positionen werden aus den Einzelbilanzen addiert. Dabei werden allerdings auch die Beziehungen zwischen einzelnen Konzernunternehmen (wie z.b. gegenseitige Beteiligungen) miterfasst, und es kann zu Bilanzpositionen mit unrealistischen Werten kommen.

- Konsolidierung: Zur Bereinigung der Berücksichtigung konzerninterner Beziehungen werden diese wieder herausgerechnet („konsolidiert"). Dies geschieht sowohl durch die Verrechnung gegenseitiger Beteiligungen, gegenseitiger Forderungen und Verbindlichkeiten sowie durch die Aufrechnung von konzerninternen Lieferungen und Leistungen, die in einem Konzernunternehmen zu Ertrag und in anderen Konzernunternehmen zu entsprechenden Aufwendungen geführt haben.

Nach diesen drei Schritten, die oft noch um eine Steuerabgrenzung ergänzt werden, kann ein Konzernabschluss vorgelegt werden. Das folgende Beispiel verdeutlicht die Integration zweier Firmen in einen Konzernabschluss durch Additionen der einzelnen Vermögens- und Kapitalpositionen:

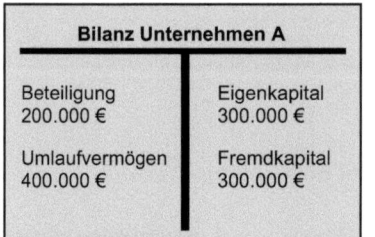

Abbildung 24: Beispiel eines Konzernabschlusses mit Beteiligung zu 100%

Im ersten Beispiel gehört das Unternehme B zu 100 Prozent dem Unternehmen A und es erscheint in der Bilanz von Unternehmen A als „Beteiligung an verbundenem Unternehmen" im Anlagevermögen. Als 100%-ige Tochter sind das Eigenkapital und des Unternehmens B gleich der Beteiligung von A. Folglich werden diese Posten bei der Konzernbilanz nicht berücksichtigt, da sie ja bereits in A enthalten sind. Ansonsten erfolgt eine Addition des Aktiva (Anlage- und Umlaufvermögen) und des Fremdkapitals. Positionen zwischen den Einzelunternehmen werden in der Konzernbilanz gegeneinander aufgerechnet.

> **Tipp!**
>
> Zu hohe interne Verrechnungspreise oder Konzernumlagen interessieren die Gesellschafter eines Konzerns wenig. Dies resultiert daraus, dass in dem für sie relevanten Konzernabschluss diese Effekte neutralisiert werden. Dafür aber haben interne Verrechnungspreise oder zu hohe Konzernumlagen enorme Auswirkungen für die Beschäftigten eines individuellen Unternehmens, da mit ihrer Hilfe schnell die wirtschaftliche Lage eines einzelnen Betriebes schlechter dargestellt werden kann!

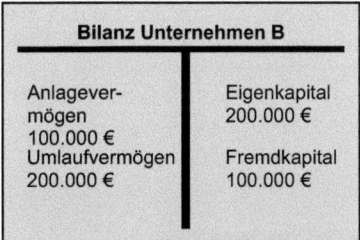

Abbildung 25: Beispiel eines Konzernabschlusses mit Beteiligung zu 80%

Im zweiten Fall gehört B nur noch zu 80% dem Unternehmen A. Daher ist das Eigenkapital nur zu 80% der Beteiligung von A zuzurechnen. Bei der Konzernbilanz werden die Aktiva und das Fremdkapital wieder addiert und beim Eigenkapital die Anteile Dritter (d.h. die Anteile der übrigen Gesellschafter des Unternehmens B) mit 20 Prozent hinzugerechnet.

Tipp!

Die Konzernbilanzsumme ist größer als die Bilanzsumme jedes einzelnen Unternehmens, jedoch kleiner als die Summe der Einzelbilanzsummen.

Die Konzernbilanz im zweiten Beispiel hat eine Bilanzsumme (d.h. die Summe der gesamten Aktiv- oder Passivseite) von 700.000€. Dies ist mehr als beide Unternehmen A und B alleine haben, aber weniger als die Summe der individuellen Bilanzsummen von A und B (560.000€ bei A und 300.000€ bei B).

Welche Konzernunternehmen sind im Konzernabschluss zu konsolidieren?

Grundsätzlich gelten bei einem Konzernabschluss nach § 298 HGB die gleichen Vorschriften und Regeln wie bei der Erstellung eines Jahresabschlusses.

Rechtlicher Hintergrund: §298 Abs. 1 HGB

Auf den Konzernabschluss sind, soweit seine Eigenart keine Abweichung bedingt oder in den folgenden Vorschriften nicht anders bestimmt ist, die §§ 244 bis 247, Abs. 1 und 2, §§ 248 bis 253, §§ 255, 256, 265, 266, 268 bis 272, 274, 275, 277 bis 279 Abs. 1, § 280 Abs. 1, §§ 282 und 283 über den Jahresabschluss und die für die Rechtsform und den Geschäftszweig der in den Konzernabschluss einbezogenen Unternehmen mit Sitz im Geltungsbereich dieses Gesetzes geltenden Vorschriften, soweit sie für große Kapitalgesellschaften gelten, entsprechend anzuwenden.

Wichtig ist aber bei der Konsolidierung zu beachten, welche Beteiligungen an anderen Unternehmen in den Konzernabschluss zu integrieren sind. Man unterscheidet dabei zwischen so genannten „verbundenen Unternehmen", „Beteiligungen" und „Anlagen":

- Bei einer Beteiligung an einem „Verbundenes Unternehmen" handelt es sich um ein Unternehmen, das sich in einem Abhängigkeitsverhältnis analog den Vorgaben von §290 Abs. 2 HGB befindet. Ein verbundenes Unternehmen wird in den Konzernabschluss konsolidiert, d.h. alle Vermögensteile werden in das Konzernvermögen und alle Kapitalpositionen in die Passivseite des Konzernabschlusses aufaddiert.

- Als „Beteiligung" gilt, wenn einem Unternehmen zwar mindestens 20 Prozent des Nennkapitals einer anderen Gesellschaft gehört (§271 Abs. 1 HGB), es sich dabei aber um kein Abhängigkeitsverhältnis nach §290 Abs. 2 HGB handelt. Eine Beteiligung wird nicht in die Bilanz konsolidiert, sondern ist als solche im Anlagevermögen (Finanzanlagen) in der Bilanz auszuweisen. Wichtig ist aber, dass es sich bei einer Beteiligung im Gegensatz zur Anlage um eine dauerhafte Verbindung handeln soll (§271 Abs. 1 HGB).

- Alle übrigen Gesellschaften, an denen nur kleinere Anteile gehalten werden, werden ebenfalls auf der Vermögensseite (Umlauf- oder Anlagevermögen) der Bilanz ausgewiesen.

Wann wird ein Konzern von der Pflicht für einen Konzernabschluss befreit?

Ein Konzern wird nur dann von der Pflicht zur Erstellung eines Konzernabschlusses befreit, wenn er mindestens zwei der drei folgenden Kriterien an zwei aufeinander folgenden Bilanzstichtagen erfüllt (§293 HGB):

- Die Bilanzsummen in den Bilanzen des Mutterunternehmens und der Tochterunternehmen, die in den Konzernabschluß einzubeziehen wären, übersteigen insgesamt nach Abzug von in den Bilanzen auf der Aktivseite ausgewiesenen Fehlbeträgen nicht 23 100 000 Euro.

- Die Umsatzerlöse des Mutterunternehmens und der Tochterunternehmen, die in den Konzernabschluß einzubeziehen wären, übersteigen in den zwölf Monaten vor dem Abschlußstichtag insgesamt nicht 46 200 000 Euro.

- Das Mutterunternehmen und die Tochterunternehmen, die in den Konzernabschluß einzubeziehen wären, haben in den zwölf Monaten vor dem Abschlußstichtag im Jahresdurchschnitt nicht mehr als 250 Arbeitnehmer beschäftigt.

Befreit sind auch Konzerne, die unter einer ausländischen Leitung stehen, soweit diese einen Konzernabschluss im Heimatland der Muttergesellschaft erstellen und diese auch in deutscher Sprache offen legen (§291 Abs. 1 HGB). Ferner sind Personengesellschaften und Einzelkaufleute von der Pflicht zur Aufstellung eines Konzernabschlusses befreit, wenn sich ihr Gewerbebetrieb auf die Vermögensverwaltung beschränkt und sie nicht die Aufgabe der Konzernleitung wahrnehmen (§12 Abs. 5 PublG). Mit anderen Worten: Halten Privatpersonen über z.B. eine kleine OHG oder KG reine Finanzbeteiligungen an einem oder mehreren Unternehmen, ohne dass sie selbst aktiv die operative Leitung der Unternehmen übernehmen, so sind sie von der Pflicht eines Konzernabschlusses befreit. Dennoch könne Sie im Rahmen ihrer Beteiligung als Gesellschafter in die strategischen Fragen der Unternehmenspolitik einwirken.

Weitere Ausnahmen für die Integration in einen Konzernabschluss gelten, wenn die Kosten der Einbeziehung den Nutzen der Information übersteigen (§296 Abs. 1 Satz 2 HGB) oder wenn es sich um artfremde Unternehmen handelt (§295 Abs. 1 HGB). Die letztgenannten Ausnahme darf aber nicht alleine deshalb angewendet werden, weil die in den Konzernabschluss einbezogenen Unternehmen teils Industrie-, teils Handels- und teils Dienstleistungsunternehmen sind oder weil diese Unternehmen unterschiedliche Erzeugnisse herstellen, mit unterschiedlichen Erzeugnissen Handel treiben oder Dienstleistungen unterschiedlicher Art erbringen (§295 Abs. 2 HGB).

16 Kostenrechnung

Die Kostenrechnung ist ein zentraler Teilbereich des internen und externen Rechnungswesens und damit die zentrale Grundlage für die Aufstellung eine jeden Jahresabschlusses und der Gewinn- und Verlustrechnung. Sie hat den Zweck, alle Kosten zu erfassen, zu verteilen und zuzurechnen, die bei der betrieblichen Leistungserstellung und –verwertung entstehen.

Welche Aufgabe hat die Kostenrechnung?

Die Kostenrechnung hat vor allem drei Kernaufgaben, zu denen diverse Teilaufgaben zählen:

- Die Identifizierung und Erfassung aller Kosten und deren Verteilung nach bestimmten Kostenarten, Kostenstellen und Kostenträgern.

- Die Ermittlung und Kontrolle der Wirtschaftlichkeit durch den Vergleich der Kosten mit den erzielten Leistungen. Die Kostenrechnung ist daher auch eine kalkulatorische Erfolgsrechnung.

- Die Kalkulation der Preise, wie des Angebotspreises auf der Grundlage der ermittelten Selbstkosten der Leistungen (Kostenträger) als Preisuntergrenze. Ebenso lassen sich aufgrund der Kostenrechnung Preisobergrenzen für Beschaffungsgüter und innerbetriebliche Verrechnungspreise ermitteln.

Die zentralen Bestandteile der Kostenrechnung ist die Erfassung der Kosten (Kostenartenrechnung) und ihre Verteilung auf die Kostenstellen (z.B. Abteilungen) und Kostenträger (z.B. Produkte).

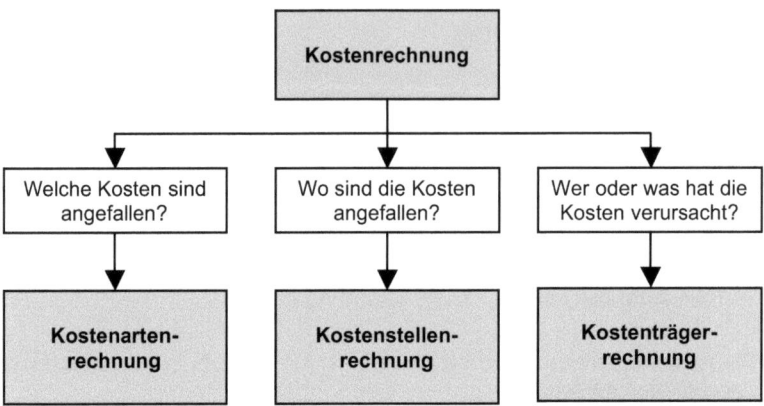

Abbildung 26: Aufbau der Kostenrechnung

Für die Erfassung der Kosten und ihre Aufteilung nach Kostenstellen und Kostenträger gibt es keine direkten gesetzlichen Vorschriften. Allerdings greifen gesetzliche Vorschriften des Jahresabschlusses auf die Kostenrechnung, da der Jahresabschluss auf den Daten der Kostenrechnung basiert.

Was versteht man unter der Kostenartenrechnung?

Mit Hilfe der Kostenrechnung soll festgestellt werden, welche Kosten in welcher Höhe angefallen sind. Ihre Aufgabe ist es, alle in einer Periode anfallenden Kosten genau zu erfassen und ihrer Art nach aufzugliedern. Zu den Kostenarten gehören beispielsweise Personalkosten (Löhne u. Gehälter), Sachkosten (für Roh-, Hilfs- u. Betriebsstoffe), Kapitalkosten, Beraterhonorare u. sonstige Dienstleistungen, Stromkosten, Telefonkosten, Versicherungskosten, Steuern, Gebühren u. Beiträge. Die Kostenartenrechnung ist Ausgangspunkt der Kostenrechnung und bildet die Grundlage für die Kostenstellen- und Kostenträgerrechnung.

Materialkosten - Einzelkostenmaterial - Gemeinkostenmaterial	Mieten, Verwaltungskosten und Werbekosten - Gebäudemiete - Reisekosten - Werbekosten - ...
Personalkosten - Löhne und Gehälter - Fertigungslohnkosten - Gemeinkostenlöhne - Gehälter - Personalnebenkosten - Gesetzliche und tarifliche Person- alnebenkosten - Freiwillige Personalnebenkosten	Kalkulatorische Kosten - Kalkulatorische Abschreibungen - Kalkulatorische Zinsen - Sonstige kalkulatorische Kosten
Steuern, Gebühren, Beiträge u.Ä. - KFZ Steuern - Grundsteuern - ...	Innerbetriebliche Kosten und Leistungsverrechnung

Abbildung 27: Schematischer Kostenartenplan eines Industriebetriebs

Die Kostenartenrechnung unterscheidet die Kosten u.a. in Istkosten, Normalkosten und Plankosten:

- **Istkosten:** Das sind Kosten, die für eine Leistungseinheit oder eine Zeiteinheit tatsächlich angefallen sind. Sie werden auch als effektive oder tatsächliche Kosten bezeichnet.

- **Normalkosten:** Sie werden aus den Istkosten vergangener Perioden – als durchschnittliche Kosten – abgeleitet und beziehen sich auf den mangenmäßigen Verbrauch und / oder den Preis.

- **Plankosten:** Sie stellen im Voraus bestimmte, bei ordnungsgemäßem Betriebsverlauf methodisch errechnete Kosten für die Leistungserbringung dar.

Die Kostenartenrechnung klassifiziert die Kosten auch nach fixen und variablen Kosten:

- **Fixe Kosten** fallen unabhängig von der produzierten Ausbringungsmenge an. Sie ergeben sich insbesondere aus der Bereitstellung (Vorhaltung) einer bestimmten Kapazität. Aus diesem Grunde werden die fixen Kosten häufig als Bereitstellungskosten genannt.

- **Variable Kosten** verändern sich mit der Ausbringungsmenge. Wird die produzierte Menge erhöht, steigen die variablen Kosten. Sie sinken entsprechend, wenn die Ausbringungsmenge verringert wird.

Viele Unternehmen versuchen ihre fixen Kosten soweit wie möglich zu reduzieren oder zumindest zu flexibilisieren. Dies ist u.a. auch ein Grund für den Einsatz von Leiharbeitern anstelle eigener Mitarbeiter, da die Löhne und Gehälter der eigenen Mitarbeiter meist unabhängig von der produzierten Ausbringungsmenge und somit fixe Kosten sind.

Wichtig!

Die Unterscheidung zwischen fixen und variablen Kosten ist relativ, denn mittel- bis langfristig sind alle Kosten beeinflussbar!

Was versteht man unter der Kostenstellenrechnung?

Die Kostenstellenrechnung soll klären, wo im Unternehmen die Kosten entstanden sind. Sie ist die zweite Stufe der Kostenrechnung und verteilt die Kosten auf die verschiedenen Betriebsbereiche, wie z.B. Fertigungsstätten (Werkstätten), Materialstellen (Einkauf, Lager), Verwaltungsstellen (GF, Buchhaltung), Vertriebsstellen oder Standorte. Der Vorteil der Kostenstellenrechnung liegt in der Möglichkeit der systematischen Wirtschaftlichkeitskontrolle über die einzelnen Teilbereiche eines Unternehmens.

Kostenstellennummer	Bezeichnung	Verantwortlicher
1000	**Infrastruktur**	**Herr Schmidt**
1100	Fuhrpark	Herr Albert
1200	Heizung	Herr Frechen
2000	**Materialwirtschaft**	**Herr Jakob**
2100	Wareneingang	Frau Ernst
2200	Warenprüfung	Herr Jakob
3000	**Produktion**	**Herr Meyer**
3100	Montage 1	Herr Kron
3300	Montage 2	Frau Meister

Abbildung 28: Kostenstellenplan für einen Industriebetrieb (Beispiel)

Die Struktur der Kostenstellen kann nach mehreren Gesichtspunkten durchgeführt werden:

- Eine Gliederung nach räumlichen Kriterien fasst ganze Gebäude oder Gebäudeteile zu einer Kostenstelle zusammen, wie z.b. eine Lagerhalle, Werkhalle oder ein Verwaltungsgebäude.

- Eine Gliederung nach fertigungstechnischen (funktionalen) Kriterien fasst gleiche Tätigkeiten zu einer Kostenstelle zusammen, wie z.B. Beschaffungs-, Lagerungs-, Fertigungs-, Verwaltungs- oder Vertriebsstellen).

- Eine Gliederung nach organisatorischen Kriterien zielt darauf ab, dass sich jede Kostenstelle mit dem Verantwortungsbereich eines Vorgesetzten deckt, wie z.B. eine Abteilung, Niederlassung oder Werkstatt. Dies ist zweckmäßig für die Wirtschaftlichkeitskontrolle.

Was versteht man unter der Kostenträgerrechnung?

Die Kostenträgerrechnung dient der Feststellung, wofür Kosten entstanden sind, wie z.B. für welche Produkte und Dienstleistungen. Es werden die Stückkosten (Selbstkosten) der verschiedenen Kostenträger ermittelt. Kostenträger sind Leistungen des Unternehmens, deren Erstellung Kosten verursacht. Es lassen sich als Kostenträger beispielsweise unterscheiden:

- Kundenaufträge, die bei der Fertigung bereits vorliegen

- Lageraufträge, die für den anonymen Markt gefertigt werden

- Materielle Güter bei Handels- und Industrie-Unternehmen

- Immaterielle Güter bei Dienstleistungsunternehmen

- Unfertige Erzeugnisse, die noch nicht absatzreif sind

- Fertigerzeugnisse, die absatzreif sind

- Eigenleistungen, wie z.b. selbsterstellten Anlagen.

Wichtig!

Die Kenntnis der Selbstkosten ist für einen Betrieb sehr wichtig, weil so die „Schmerzgrenze" für den Verkaufspreis einer Leistung ermittelt wird.

Das Kernproblem der Kostenträgerrechnung ist die korrekte Zuordnung der Kosten zu einzelnen Kostenträgern. Wie in der Abbildung 27 bereits zu sehen war, differenziert die Kostenrechnung zwischen Einzelkosten und Gemeinkosten:

- **Einzelkosten** sind Kosten, welche den Kostenträgern unmittelbar zugerechnet werden. Deshalb bezeichnet man sie auch als „direkte Kosten" oder „Kostenträgereinzelkosten"

- **Gemeinkosten** sind Kosten, welche den Kostenträgern nicht unmittelbar zugerechnet werden können. Sie fallen für verschiedene Erzeugnisse gemeinsam an. Die Gemeinkosten werden auch bezeichnet als: „indirekte Kosten" oder „Kostenträgergemeinkosten"

Die Kostenträgerrechnung hat kein Problem, wenn die Kosten den Kostenträgern unmittelbar zugerechnet werden können. In der Praxis sind jedoch viele Kosten erst über Umlagen auf einzelne Kostenträger zu verteilen, wie z.B. die Kosten für die Administration (Rechnungswesen, Personalwesen, Geschäftsführung, Marketing etc.) oder für die Miete und Heizung.

Bei der Verteilung der Gemeinkosten können verschiedene Prinzipien angewendet werden:

- Verursachungsprinzip = Kostenzurechnung auf eine Kostenstelle / einen Kostenträger

- Durchschnittsprinzip = verursachungsgerecht zugeordnete Kosten werden auf die Leistungseinheiten heruntergerechnet

- Tragfähigkeitsprinzip = je mehr Ertrag ein Produkt abwirft, desto mehr Kosten werden ihm zugeordnet

17 Kreditwürdigkeit und Unternehmensrating

Was versteht man unter Kreditwürdigkeit?

Bankkredite (→ **Kapital**) sind und bleiben für viele Unternehmen - neben dem Eigenkapital - eine der wichtigsten Finanzierungsquellen. Um solche Kredite jedoch zu erhalten, benötigen Unternehmen eine gute Kreditwürdigkeit, die man auch als Bonität bezeichnet. Eine hohe Bonität indiziert dabei, dass für den Kreditgeber nahezu kein Risiko durch die Gewährung eines Kredits an den Kreditnehmer (das Unternehmen) besteht. Die Zinsen für einen Kredit werden daher in der Regel niedriger sein. Im umgekehrten Fall, bei einer schlechten Kreditwürdigkeit, besteht ein höheres Ausfallrisiko für das Darlehen, die Zinsen werden also dementsprechend für das Unternehmen als Kreditnehmer höher sein.

Wird die Kreditwürdigkeit sogar als sehr schlecht eingestuft, so ist es zweifelhaft, ob das Unternehmen überhaupt noch Kredite erhält. Besonders in wirtschaftlichen Notlagen, wie einer drohenden oder vorhandenen Zahlungsunfähigkeit (→ **Insolvenz**), fehlen damit die finanziellen Mittel (z.B. Überbrückungskredit) zur Sicherung des Unternehmens. Dies kann die gesamte Existenz eines Unternehmens und aller Arbeitsplätze gefährden!

Schon immer wurde eine Kreditvergabe durch eine Bank von der Kreditwürdigkeit des Schuldners abhängig gemacht. Die Praxis der Kreditvergabe hat sich jedoch gerade durch Basel II und Basel III geändert. Das Regelwerk für die Kreditinstitute sieht eine Risikoorientierung bei der Vergabe von Krediten vor, wozu ein Rating die Bonität des Unternehmens überprüft.

Was ist mit Basel II bzw. Basel III gemeint?

Mit dem Stichwort "Basel II" wurde die Diskussion um die Neugestaltung der Eigenkapitalvorschriften der Kreditinstitute bezeichnet. Diese Diskussion hatte der Basler Ausschuss für Bankenaufsicht mit der Vorlage eines Konsultationspapieres im Juni 1999 eröffnet. Ziel von Basel II war es, die Stabilität des internationalen Finanzsystems zu erhöhen. Dazu sollen die Risiken im Kreditgeschäft besser erfasst und die Eigenkapitalvorsorge der Kreditinstitute risikogerechter ausgestaltet werden. Gerade in der Vergangenheit hatten vermehrt Banken über Probleme bei der Rückzahlung ihrer Kredite zu klagen. Sie hatten Unternehmen Kredite gewährt, die diese dann in der Folge nicht mehr zurückzahlen konnten. In der Folge kam es nicht nur zu Insolvenzen einiger Banken, sondern auch von Partnerfirmen solcher Unternehmen.

Im Kern bedeutet die Regelung um Basel II, dass die Kreditinstitute umso mehr Eigenkapital vorhalten sollen, je höher das Risiko des Kreditnehmers ist, an den sie einen Kredit vergeben. Für jeden Kredit müssen nicht nur die Kreditnehmer Sicherheiten stellen, sondern auch die Banken. Sie müssen einen eigenen Eigenkapitalanteil als „Risikopuffer" bereithalten. Vor Basel II betrug dieser Eigenkapitalanteil für die Kreditinstitute pauschal acht Prozent des jeweiligen Kreditvolumens, und zwar unabhängig von der Kreditwürdigkeit des Kreditnehmers.

Die Höhe des Banken-Eigenkapitalanteils hängt zentral von der Bonität eines Kreditnehmers ab. Für eine geringere Kreditwürdigkeit (wegen höherer unternehmerischer Risiken) müssen die Banken einen höheren Eigenkapitalanteil stellen. Dieser Puffer ist bei den Kreditinstituten zur Absicherung gebunden und kann nicht für weitere Geschäfte verwendet werden. Für diesen Eigenkapitalanteil berechnen die Banken Zinsen, die der Kreditnehmer bezahlen muss.

Wichtig!

Je schlechter die Bonität ist, desto mehr müssen die Kreditnehmer zukünftig für einen Kredit an Zinsen bezahlen!

Aufgrund der Finanzkrise ab dem Jahr 2008 wurde das Regelwerk um Basel II weiterentwickelt. Es ergaben sich zentrale Änderungen, die nun als sog. Basel III bezeichnet werden.

Wichtig!

Im Dezember 2010 wurde die vorläufige Endfassung des neuen Basel III veröffentlicht. Die Umsetzung in der Europäischen Union erfolgte über eine Neufassung der Capital Requirements Directive (CRD), die am 1. Januar 2014 mit umfassenden Übergangsbestimmungen in Kraft trat. In der Schweiz erfolgte die Umsetzung ab 2013.

Basel III ist kein komplett neues Regelwerk, sondern ergänzt die Basel II Vorgaben um intensivere Eigenkapital- und Liquiditätsanforderungen an Unternehmen und Banken. Diese ergänzenden Vorschriften, mit denen das aufsichtliche Kernkapital, das so genannte Tier 1, qualitativ verbessert werden soll, sind einschneidend. Hartes Kernkapital einer Aktiengesellschaft wird zukünftig ausschließlich aus dem gezeichneten Kapital und den offenen Rücklagen bestehen. Mit anderen Worten: Für die Bonität zählt nicht mehr das gesamte Eigenkapital, sondern das sog. harte Kernkapital.

Finanzinstrumente von Unternehmen, die nicht in der Rechtsform einer AG firmieren, werden nur als hartes Kernkapital anerkannt, wenn sie einem strengen Kriterienkatalog genügen. Genossenschaftsanteile und Vermögenseinlagen stiller Gesellschafter müssen danach vertraglich so gestaltet sein, dass sie eingezahltem Aktienkapital entsprechen. Die Kriterien sind sehr stark auf das Prinzip der Verlusttragung ausgerichtet. Hybride Kernkapitalinstrumente als Bestandteil des Tier 1 werden nur noch in eingeschränktem Umfang zulässig sein, und dies bei deutlich strengeren Konditionen

Was versteht man unter Rating?

Bei Basel III und Basel III hat die Bonität eines Unternehmens eine zentrale Bedeutung. Diese wird durch ein so genanntes Rating ermittelt. Als Rating (von englisch to rate = jemanden einschätzen, beurteilen) bezeichnet man die Beurteilung der voraussichtlichen wirtschaftlichen Fähigkeit eines Unternehmens, seinen Zahlungsverpflichtungen termingerecht nachzukommen.

Beurteilt wird von der Bank selbst oder eine beauftragte Rating-Agentur die wirtschaftlichen Lage eines Unternehmens oder Unternehmers anhand einer einzigen Note, in der Regel mittels quantitativer und qualitativer Kriterien. So liegt ein Schwerpunkt im Rating auf der Analyse der Finanz-, Ertrags- und Vermögenslage, der Beurteilung von verfügbaren Planzahlen, Soll-Ist Vergleichen aber auch die Bewertung von qualitativen Merkmalen eines Unternehmens. Zu diesen gehören beispielsweise die Qualität des Managements, der Organisation, der Personalführung, die Struktur und Treue der Kunden sowie die Güte der Lieferanten.

Wichtig!

Kreditnachfragende Unternehmen müssen viel umfangreicher und aktueller Banken über ihr Unternehmen und ihre geschäftlichen Aktivitäten informieren, um von diesen einen Kredit zu erhalten.

Ein Rating ist für ein Unternehmen zukünftig aber nicht nur lästige Pflicht zum Erhalt von Krediten, sondern kann dem Unternehmen auch zwei Vorteile bringen:

1. Bessere Konditionen bei der Fremdfinanzierung

2. Eine Verbesserung des Images des Unternehmens

Zum einen kann ein Rating helfen, die Zinsen für die Fremdfinanzierung zu senken oder sogar neue Quellen für Kredite zu erschließen. Insbesondere solche Unternehmen, denen die Konditionen für Kredite ihrer Hausbank nicht einsichtig erscheinen, können mit einem Rating ihre Verhandlungsposition gegenüber der Hausbank verbessern. Mit einem Rating verfügen sie über ein eigenes Zeugnis ihrer Kreditwürdigkeit und können damit die Bonitätsbeurteilung durch die Hausbank in Frage stellen. Eine bessere Verhandlungsposition ergibt sich auch daraus, dass ein Wechsel zu einer anderen Bank leichter möglich wird, wenn einem Kreditantrag ein Rating beigefügt ist. Denn selbst dann, wenn eine Bank das Bonitätszeugnis eines Ratings nicht als Ersatz für eine eigene Kreditwürdigkeitsprüfung ansieht, wird die Bank gleichwohl eher geneigt sein, den Aufwand für die Prüfung eines Kreditantrag in Kauf zu nehmen, wenn sie bereits einen Hinweis auf eine gute Kreditwürdigkeit eines kreditnachfragenden Unternehmens vorliegen hat. Möglicherweise lassen sich private Investoren finden, die bei Vorlage eines guten Ratings bereit sind, Mittel zur Verfügung zu stellen.

Ein zweites wichtiges Argument für ein Rating kann die Verbesserung der Außendarstellung eines Unternehmens sein. Ein Rating ist zum einen ein prägnantes Gütesiegel, das auch ohne die Analyse umfangreicher Unternehmensinformationen (z.B. Jahresabschluss) einen Eindruck von dem betreffenden Unternehmen verschafft. Zum anderen demonstriert jedes Unternehmen Selbstbewusstsein, das sich einem solchen Beurteilungsverfahren durch externe, unabhängige Prüfer unterzieht. Dies wirkt positiv auf Kunden, Geschäftspartner und Mitarbeiter. Insbesondere wenn es darum geht, neue Geschäftsbeziehungen zu begründen, kann ein Rating den entscheidenden Unterschied gegenüber einem Mitwettbewerber ausmachen: Wenn etwa ein Produzent einen hochspezialisierten Zulieferer sucht, ist bei der Auswahl eines Anbieters derjenige im Vorteil, der seine finanzielle Verlässlichkeit und Beständigkeit durch ein Rating belegen kann.

Wichtig!

Ein gutes Rating hilft nicht nur die Kosten für Kredite im Griff zu halten, sondern auch neue Finanzierungsquellen zu erschließen und Kunden von der eigenen Bonität und Leistungsfähigkeit zu überzeugen!

Die Prüfung der Kreditwürdigkeit mittelständischer Unternehmen erfolgte in der Vergangenheit in der Regel ausschließlich durch Kreditinstitute. Großunternehmen wurden von einigen großen internationalen Agenturen bewertet. Dies sind unabhängige Unternehmen, die es sich zur Aufgabe gemacht haben, die Bonität von Anleiheemittenten zu benoten. Die bekanntesten Gutachter in Sachen Bonitätsanalyse sind die US-Agenturen Standard & Poor's, kurz S & P, und Moody's, seit kurzem umfirmiert in Moody's Investors Service. Für einzelne Branchen gibt es daneben noch spezialisierte kleinere Rating-Agenturen, wie etwa Fitch IBCA (International Bank Credit Analysis) für Kreditinstitute. In der jüngsten Vergangenheit haben sich weitere nationale Ratingagenturen formiert, die sich mit ihrem Angebot besonders an den Mittelstand wenden.

Die Rating Agenturen bewerten die Unternehmen nach Noten oder Risikokennziffern. Diese orientieren sich an amerikanischen Schulnoten. Die Bestnoten sind das AAA („Triple A") von S&P und das Aaa von Moody's. Ein Rating als „CCC" - egal ob als Groß- oder Kleinbuchstaben -, dem schlechtesten Rating (vor „D" wie Konkurs), kann man keinem Unternehmen wünschen, da es als nicht mehr kreditwürdig gilt.

	S&P	Moodys	Erläuterung
Investment-Klasse	AAA	Aaa	extrem sicherer Schuldner
	AA+	Aa1	sehr sicherer Schuldner, Ausfälle wenig wahrscheinlich
	AA	Aa2	
	AA-	Aa3	
	A+	A1	sicherer Schuldner, nur geringes Risiko von Ausfällen bei veränderter Wirtschaftslage
	A	A2	
	A-	A3	
	BBB+	Baa1	derzeit zahlungsfähiger Schuldern, bei veränderter Wirtschaftslage geringes Ausfallrisiko
	BBB	Baa2	
	BBB-	Bbb3	
Spekulative Anlagen	BB+	Ba1	Schulden werden zurzeit bedient, mittel- und langfristig sind Ausfälle möglich
	BB	Ba1	
	BB-	Ba3	
	B+	B1	Zins- und Tilgungszahlungen sind gefährdet, besonders bei verschlechterter Wirtschaftslage
	B	B2	
	B-	B3	
	CCC	Caa	spekulative Anlage mit hoher Ausfallwahrscheinlichkeit
	CC	Ca	
	C	C	
	D	-	Zahlungsverzug eingetreten

Abbildung 29: Rating Benotung von Standard & Poor und Moody's

In der Praxis hat sich eine Zweiteilung der gesamten Ratingskala eta-bliert: Den Bereich von AAA bis BBB bezeichnet man als Investment-Klasse (englisch: Investment-Grade) oder Investment-Qualität. Alles darunter gilt als Non Investment-Grade oder auch spekulative Anlagen. Zwischen Investment-Klasse und den spekulativen Anlagen, also den Ratings BBB und BB, verläuft der entscheidende Bruch.

Die Zweiteilung der Ratingskala zeigt sich auch bei der durchschnittli-chen Zinsbelastung, die ein Unternehmen je nach Einstufung in ein Ra-tingkriterium zu zahlen hat.

Rating	Erläuterung	Durchschnittliche Verzinsung (in %)
AAA	extrem sicherer Schuldner	3,55
AA	sehr sicherer Schuldner, Ausfälle wenig wahrscheinlich	3,83
A	sicherer Schuldner, nur geringes Risiko von Ausfällen bei veränderter Wirt-schaftslage	4,23
BBB	derzeit zahlungsfähiger Schuldern, bei veränderter Wirtschaftslage geringes Ausfallrisiko	5,1
BB	Schulden werden zurzeit bedient, mittel- und langfristig sind Ausfälle möglich	10,4
B	Zins- und Tilgungszahlungen sind gefährdet, besonders bei verschlechter-ter Wirtschaftslage	11,18
C	spekulative Anlage mit hoher Ausfall-wahrscheinlichkeit	33,96
D	Zahlungsverzug eingetreten	keine Kreditverga-be!

Abbildung 30: Auswirkungen des Ratings auf die Zinsen (Quelle: Welt am Sonntag, 30.3.2003)

Wer die Traumnote AAA, also den Inbegriff höchsten Güte, bekommt - egal ob Unternehmen oder Staat -, muss sich um seine Kapitalaufnahme keine Sorgen mehr machen. Die durchschnittlichen Zinsen für das Fremdkapital liegen bei ca. 3,55 Prozent. Umgekehrt haben Unternehmen, die als spekulative Anlagen eingestuft sind, hohe Kosten für Kredite. Je tiefer ein Unternehmen eingestuft wird, desto größer Schwierigkeiten, überhaupt Geld auf dem Kapitalmarkt aufzunehmen.

Beispiel: Im Jahr 2003 stufte die Rating-Agentur Standard & Poor's (S&P) die Münchner-Rück trotz eines Jahresüberschusses von 1,1 Mrd. Euro von AA+ auf AA-. Dies führte zu einer öffentlichkeitswirksamen Diskussion zwischen dem Unternehmen und der Rating-Agentur. Gleichzeitig stürzte der Aktienkurs um mehr als 10 Prozent. Neben der Münchner Rück wurden 2003 viele weitere Großunternehmen in ihrer Bonität herabgestuft, wie z.B. die Allianz, Thyssen-Krupp, Siemens, HypoVereinsbank oder die Deutsche Post.

Was hat das Unternehmen selbst vom Rating?

Durch Basel II und III werden viele Unternehmen gezwungen, mehr Transparenz über ihre wirtschaftliche Lage zu schaffen und professioneller ihre Entwicklung zu planen und zu kontrollieren. Es reicht nicht mehr aus, nur einen guten Kontakt zu seiner Hausbank zu pflegen. Unternehmen müssen vielmehr klare Aussagen zu der Unternehmenssituation und Entwicklung geben. Hierzu gehören Daten wie z.B.

• Wirtschaftliche Lage: Jahresabschluss, Umsatzentwicklung, Ertragsentwicklung, Rentabilität, Liquidität, Eigenkapitalquote und Schuldentilgungsdauer.

• Management und Organisation: Managementkompetenz und Führungserfahrung, Nachfolgeregelung, Unternehmensstruktur, Mitarbeiterqualifikation und –zufriedenheit, Personalplanung, Qualität des Rechnungswesens und Controllings und Qualität des Forderungsmanagements.

• Markt und Branche: Marktpotential, Branchenentwicklung, Angebotssortiment, Positionierung, Kundenzufriedenheit, Wettbewerb und Wettbewerbsvorteile, Einkaufskonditionen, eigene Vertriebsorganisation und das Marketingkonzept.

- Unternehmensentwicklung: Unternehmenskonzept, Erfolgswahrscheinlichkeit der lang- und kurzfristigen Entwicklungs- und Planziele, Investitionsplanung, Liquiditätsplanung und die Seriosität im Umgang mit Unternehmensrisiken (Umweltrisiken, Gewährleistungsrisiken, Produkthaftungsrisiken, Versicherungen und Rücklagen).

18 Lagebericht

Dem Jahresabschluss angeschlossen ist bei Kapitalgesellschaft der so genannte Lagebericht.

Welche Unternehmen müssen einen Lagebericht aufstellen?

Die gesetzlichen Vertreter einer mittelgroßen oder großen → **Kapitalgesellschaft** haben neben dem → **Jahresabschluss** zwingend auch einen Lagebericht zu erstellen. Dabei gilt nach § 264 HGB für alle nach § 267 HGB mittelgroßen und großen Aktiengesellschaft (AG), Gesellschaft mit beschränkter Haftung (GmbH) und Kommanditgesellschaft auf Aktien (KGaA):

Rechtliche Grundlage: §264 Abs. 1 HGB

Die gesetzlichen Vertreter einer Kapitalgesellschaft haben den Jahresabschluss (§242) um einen Anhang zu erweitern, der mit der Bilanz und der Gewinn- und Verlustrechnung eine Einheit bildet, sowie einen Lagebericht aufzustellen.

Im Lagebericht hat das Unternehmen auf den Geschäftsverlauf, die Entwicklungsperspektiven, die Strategien sowie die Risiken der aktuellen und zukünftigen Entwicklung einzugehen.

Wichtig!

Der Lagebericht ist kein direkter Bestandteil des Jahresabschluss. Er gehört aber zu den gemäß §§ 106 Abs. 2 und 108 Abs. 5 BetrVG im Zusammenhang mit den Erläuterungen des Jahresabschlusses von der Geschäftsleitung vorzulegenden Unterlagen. Er ist ein wichtiger Bestandteil zur Analyse der wirtschaftlichen Lage des Unternehmens und zudem der einzige Part im Umfeld des Jahresabschlusses, der einen Ausblick in die Zukunft gibt.

Die gesetzliche Verpflichtung zur Aufstellung eines Lageberichts betrifft auch Konzerne (§290 HGB), Genossenschaften (§336 HGB), Kreditinstitute (§340a Abs. 1 HGB) und Versicherungen (§341a Abs. 1 HGB) sowie die nach Publizitätsgesetz rechnungslegungspflichtigen Unternehmen (§1und §5 Abs. 2 PublG), wie große Personenhandelsgesellschaften (z.B. GmbH & Co.KG). Kleine Kapitalgesellschaften (§264 Abs. 1 und §267 HGB), Personenhandelsgesellschaften und Einzelkaufleute (§5 Abs. 2 PublG) sowie Tochtergesellschaften von Konzernen mit Konzernlageberichten (§5 Abs. 6 PublG) brauchen hingegen keinen Lagebericht aufzustellen. Für Personengesellschaften, bei denen der persönlich haftende Gesellschafter keine natürliche Person ist, gelten gemäß §264c HGB die Vorschriften für Kapitalgesellschaften.

Welche weiteren rechtlichen Grundlagen gelten für den Lagebericht?

Der Lagebericht ist zusammen mit dem Jahresabschluss gemäß § 264 Abs. 1 HGB innerhalb der ersten drei Monate des Geschäftsjahres für das vergangene Geschäftsjahr aufzustellen. Für den Konzernlagebericht verlängert sich die Aufstellungsfrist auf fünf Monate (§290 Abs. 1 HGB).

In Deutschland unterliegt der Lagebericht der Prüfungspflicht durch Wirtschaftsprüfer (§ 316 Abs. 1 HGB):

Rechtliche Grundlage: §316 Abs. 1 HGB

Der Jahresabschluss und der Lagebericht von Kapitalgesellschaften, die nicht kleine im Sinne des §267 Abs. 1 sind, sind durch den Abschlussprüfer zu prüfen. Hat keine Prüfung stattgefunden, so kann der Jahresabschluss nicht festgestellt werden.

Mit anderen Worten: Fehlt bei Aufstellungspflicht ein Lagebericht oder liegt er nur mit Mängeln vor, so wird ein Testat von den Wirtschaftsprüfern verweigert oder eingeschränkt.

Der Inhalt des Lageberichts ist auch Bestandteil → **internationaler Rechnungslegungsstandards**. So stellt die US-amerikanische Rechnungslegung (US-GAAP) die „Managment's discussion and analysis of financial condition and results of operations" (MD&A) das Pendant zum Lagebericht dar (Regulation S-K, Item 303). Dieser ist anders als in

Deutschland eigenständiger Bestandteil innerhalb des prüfungspflichtigen Jahresabschlusses börsennotierter Unternehmen. Eine Aufstellungsfrist ist im US-GAAP allerdings nicht geregelt. Die Internationalen Accounting Standards (IAS) verpflichten ebenfalls die Unternehmen zur Aufstellung eines Lageberichts (siehe DRS 20).

Welche Inhalte hat ein Lagebericht?

Hinsichtlich der formalen Gestaltung, insbesondere zur Form, zum Aufbau oder zum Umfang, unterliegt der Lagebericht – ganz anders als die Bilanz und die Gewinn- und Verlustrechnung – keinen gesetzlichen Restriktionen. Inhaltlich verlangt das Handelsgesetzbuch vom Lagebericht lediglich die Vermittlung eines den tatsächlichen Verhältnissen entsprechendes Bildes des Geschäftsverlaufs und der wirtschaftlichen Lage (§289 Abs. 1 HGB):

Rechtliche Grundlage: §289 Abs. 1 HGB

Im Lagebericht sind der Geschäftsverlauf einschließlich des Geschäftsergebnisses und die Lage der Kapitalgesellschaft so darzustellen, dass ein den tatsächlichen Verhältnissen entsprechendes Bild vermittelt wird. Er hat eine ausgewogene und umfassende, dem Umfang und der Komplexität der Geschäftstätigkeit entsprechende Analyse des Geschäftsverlaufs und der Lage der Gesellschaft zu enthalten.

Die „tatsächlichen Verhältnisse" sind zu vermitteln, was auch durch die Pflicht zur Prüfung (§316 HGB) abgeleitet wird. Nach §317 HGB ist zu prüfen, ob der Lagebericht zu den Aussagen des Jahresabschluss im Einklang steht. Dabei muss der Lagebericht folgenden Grundsätzen entsprechen:

- Vollständigkeit: Es müssen alle Angaben gemacht werden, die notwendig sind, um eine Gesamtbeurteilung der wirtschaftlichen Lage des Unternehmens und des Geschäftsverlaufs sowie der Risiken der künftigen Entwicklung zu ermöglichen. Das Postulat der Wesentlichkeit ist zu berücksichtigen, so dass nicht alle Einzelheiten umfassend berichtet werden müssen.

- Richtigkeit: Alle Angaben müssen intersubjektiv nachprüfbar, plausibel und glaubhaft, willkürfrei sowie rechnerisch und sachlich richtig sein.

• Klarheit und Übersichtlichkeit: Damit keine strafbare Verschleierung laut §331 Abs. 1 HGB vorliegt, sind die Angaben des Lageberichts übersichtlich, vergleichbar, eindeutig und verständlich darzulegen.

Als Mindestdarstellung des Geschäftsverlaufs empfiehlt die offizielle Stellungnahme der Rechnungslegung zur Aufstellung des Lageberichts (DRS 20) die folgenden Inhalte:

• Geschäftsverlauf und Lage der Gesellschaft: Entwicklung von Branche und Gesamtwirtschaft, Umsatz- und Auftragsentwicklung, Produktion, Beschaffung, Investitionen, Finanzierungsmaßnahmen bzw. –vorhaben, Personal- und Sozialbereich, Umweltschutz sowie sonstige wichtige Vorgänge im Geschäftsjahr.

• Soziale Verhältnisse und Leistungen (Sozialbericht): z.t. freiwillige Information über Zahl und Zusammensetzung der Beschäftigten, Veränderung von Entlohnung und Arbeitszeit, Rationalisierung der Arbeit, Urlaubsregelungen, Aus- und Fortbildung, soziale Abgaben und Aufwendungen für Altersversorgung, freiwillige soziale Leistungen bis hin zu Gewinnbeteiligungen der Betriebsangehörigen einschließlich der Ausgabe von Mitarbeiteraktien etc.

• Beziehungen zur Umwelt (Umweltbericht): z.t. freiwillige Berichterstattung über Umweltpolitik, -Programme und -Maßnahmen sowie Öko-Bilanz.

Wichtig!

Das Unternehmen hat auch über Probleme der Kapazitätsauslastung, Beschaffung oder Finanzierung, Abschluss oder Kündigung wichtiger Verträge, über Rationalisierungs-, Reorganisations-, Entwicklungs- und Investitionsmaßnahmen sowie über Unternehmenszusammenschlüsse bzw. –spaltungen oder die Aus- und Weiterbildung zu berichten.

Die Forderung auf die Risiken des Unternehmens einzugehen, entspricht der Intention des Gesetzes zur Kontrolle und Transparenz im Unternehmensbereich (KonTraG) vom 01.05.1998 und den Gedanken des Corporate Governance Kodex. Eine solche Berichterstattung über die Risiken des Unternehmens ist für Geschäftsjahre, die nach dem 31.12.1998 beginnen, zwingend vorzunehmen (§46 Abs. 1 EGHGB). Die Daten für die Risikodarstellung sind dem Risikomanagement des Unternehmens zu entnehmen.

Paragraph 289 HGB regelt in seinem 2. Absatz weitere Inhaltspunkte, auf die das Lagebericht eingehen soll:

Rechtliche Grundlage: §289 Abs. 2 HGB

Der Lagebericht soll auch eingehen auf: 1. Vorgänge von besonderer Bedeutung, die nach dem Schluss des Geschäftsjahrs eingetreten sind; 2. die Riskiomanagementziele und –methoden sowie Preisänderungs-, Ausfall- und Liquidätitskrisen; 3. den Bereich Forschung und Entwicklung; 4. bestehende Zweigniederlassungen der Gesellschaft; 5. die Grundzüge des Vergütungssytems der Gesellschaft.

Die Berichterstattung über bedeutende Vorgänge, die nach dem Schluss des Geschäftsjahres eingetreten sind, dient u.a. dem Schutz der Aufsichtsräte und Hauptversammlung, Entscheidungen nicht zu treffen, die sie vielleicht ohne Wissen der neuen Situation getroffen hätten. Dies können z.B. Bestimmungen über die Verwendung des Jahresüberschusses (z.B. für Gewinnauszahlungen), wichtige Investitionsentscheidungen oder der Kauf bzw. Verkauf von Unternehmensteilen sein. Den Bericht über Vorgänge nach dem Schluss des Geschäftsjahres bezeichnet man auch als „Nachtragsbericht".

Besonders interessant ist im Lagebericht der Ausblick auf die Zukunft des Unternehmens. Der so genannte Prognosebericht sollte mindestens einen Zeithorizont von einem Jahr nach Ende des Geschäftsabschlusses umfassen. Die Erläuterungen erfolgten in verbalen Angaben. Grundsätzlich sind sowohl positive als auch negative Aspekte zu berücksichtigen, wobei auf die negativen nur noch einzugehen ist, wenn sie nicht bereits in die Risikobetrachtung nach §289 Abs. 1 HGB genannt wurden.

Welche Bedeutung hat der Lagebericht?

Der Lagebericht ergänzt nicht nur den Jahresabschluss, sondern er kann die wirtschaftliche Lage eines Unternehmens umfassender darstellen, als es der eigentliche Jahresabschluss vermag. Dem Lagebericht wird damit eine Rechenschafts- und Informationsfunktion zugewiesen. Während der

Jahresabschluss an die handelsrechtlichen Rechnungslegungsvorschriften gebunden und aufgrund des Stichtagsprinzips überwiegend vergangenheitsbezogen ist, löst sich der Lagebericht bei der Informationsvermittlung von den strengen Richtlinien. Dies bietet Freiräume für weitere, wichtige Informationen.

Aber Vorsicht: Der Lagebericht soll zwar vollständig, übersichtlich und von seiner Aussage richtig sein, und er wird auch von den Wirtschaftsprüfern geprüft, aber dennoch kann die Unternehmensleitung in der Formulierung des Textes viel Kreativität walten lassen. Der Lagebericht unterliegt zudem subjektiven Einschätzungen, die gelegentlich nicht eindeutig nachvollziehbar sind.

19 Liquidität

Eine gute Liquidität ist eines der wichtigsten Unternehmensziele überhaupt. Doch was heißt überhaupt „Liquidität" oder „liquide sein"?

Was bedeutet der Begriff „Liquidität"?

Liquidität wird definiert als die Fähigkeit eines Unternehmens, seinen Zahlungsverpflichtungen fristgerecht nachkommen zu können. Vereinfacht ausgedrückt spricht man bei Liquidität als die Zahlungsfähigkeit des Unternehmens gegenüber allen Gläubigern. Als Gläubiger bezeichnet man widerrum all jene Personen oder Unternehmen, denen aus einem gegenseitigen Vertrag noch eine Leistung (z.B. Zahlung) vom Unternehmen zusteht.

Wichtig

Auch die Beschäftigten eines Unternehmens sind Gläubiger, denn sie erhalten ihre Löhne und Gehälter meist erst am Ende eines Monats, in dem sie bereits für das Unternehmen tätig waren. Bei Zahlungsunfähigkeit des Unternehmens werden die Gehälter nur maximal drei Monate von der Bundesagentur für Arbeit weiter gezahlt.

Bei der Zahlungsfähigkeit spielt der Faktor Zeit eine besondere Rolle: Ein Unternehmen kann zwar sehr erfolgreich sein und einen hohen Umsatz nachweisen, dennoch kann zu einem bestimmten Zeitpunkt ein finanzieller Engpass (z.B. nicht genügende flüssige Mittel) vorliegen. Selbst wenn durch spätere Einnahmen dieser finanzielle Engpass vier Wochen später überbrückt werden kann, spricht man zu diesem Zeitpunkt von einer Zahlungsunfähigkeit. Im schlimmsten Falle können fällige Zahlungsverpflichtungen nicht bezahlt werden und das Unternehmen läuft große Gefahr in eine Insolvenz (→ **Insolvenz**) zu rutschen. Dies kann den Verlust aller Arbeitsplätze bedeuten!

Wichtig

Eine vorübergehend fehlende Liquidität, also Zahlungsunfähigkeit, kann das Aus für ein Unternehmen bedeuten und alle Arbeitsplätze gefährden! Ist ein Unternehmen zahlungsunfähig (illiquide) ist ein Insolvenzverfahren zu eröffnen.

Beispiel: Ein gern zitiertes Beispiel (z.b. bei Schmalen) ist der Borgward Konkurs im Jahre 1961. Borgward galt als ein hoch innovativer Automobilhersteller, der alleine zwischen 1923 und 1960 über 63 neuen Modellen entwickelte. Dennoch krachte das Unternehmen 1961 zusammen: Borgwart war zahlungsunfähig und 20.000 Beschäftigte über Nacht arbeitslos. Doch acht Jahre später, nach dem Ende des Konkursverfahrens, stellte sich heraus: Borgward war überhaupt nicht pleite gewesen! Alle Gläubiger hätten zu 100 Prozent befriedigt werden können. Das Unternehmen war 1961 nur kurzfristig illiquide, weil ein durch Grundstücke abgesicherter Kredit von fünf Millionen € gestoppt war. Noch heute spekuliert man über unfaire Machenschaften der Politik, Wettbewerber und Banken, die den Stopp des Kredits verursacht und damit zu diesem Skandal geführt haben sollen.

Wie wird die Liquidität gesichert?

Wer die Liquidität eines Unternehmens sichern will, muss permanent seine Ausgaben im Auge behalten und mit seinen Einnahmen abgleichen. Wie im privaten Haushalt darf auch ein Unternehmen nicht einfach mehr ausgeben als es einnimmt. Irgendwann sind dann alle finanziellen Sicherheiten (z.b. Bankguthaben) aufgebraucht und man ist zahlungsunfähig.

Daneben sollte ein Unternehmen bei der Finanzierung von Investitionen keine Fehler machen. Gemeint ist damit, dass z.b. Investitionen in das Anlagevermögen (→ **Bilanz**), wie z.b. in Maschinen oder Firmenübernahmen, nicht zu Lasten der laufenden Liquidität gehen dürfen. Sie dürfen daher beispielsweise nicht mit einem Kontokorrentkredit finanziert werden, da dieser nicht nur teuer ist, sondern in der Regel zur schnellen und kurzfristigen Finanzierung dient.

Drittens ist auf das Forderungsmanagement des Unternehmens zu achten. Was nützt die beste Liquiditätsplanung, wenn die Kunden nicht zu den geplanten Zeitpunkten die gestellten Rechnungen bezahlen? Rechnungen werden leider in der heutigen Zeit immer später bezahlt! Bei verspäteter Zahlung aber wird derjenige, der auf sein Geld wartet, zum Kreditgeber. In diesem Fall gilt es, seine Forderungen gegenüber seinen Kunden professionell zu beobachten und nachzugehen. Gelegentlich muss einem bestehenden Kunden die Geschäftsbeziehung auch gekündigt oder ein neuer, potentieller Kunde abgelehnt werden.

Ist ein Unternehmen doch einmal kurz vor eine Illiquidität, so kann ein Liquiditätssicherungsdarlehen helfen. Die Deutsche Ausgleichsbank (DtA) bietet Existenzgründern sowie kleinen und mittleren Unternehmen der gewerblichen Wirtschaft Liquiditätshilfekredite zur Behebung von Liquiditätsengpässen, bei der Vorfinanzierung von Aufträgen, Aufstockung des Warenlagers, Entwicklung neuer Produkte, Einräumung von Zahlungszielen, Markterschließung, Gehaltszahlungen und Weiterbildungsmaßnahmen. Das Programm kann innerhalb der ersten acht Jahre nach Gründung oder Übernahme des Unternehmens in Anspruch genommen werden. Ebenso bietet die Kreditanstalt für Wiederaufbau (KfW) ein Mittelstandsprogramm zur Liquiditätshilfe. Gefördert werden mittelständische Unternehmen der gewerblichen Wirtschaft (d.h. produzierendes Gewerbe, Handwerk, Handel und Dienstleistungen) und die freien Berufe (einschließlich Heilberufe) mit einem Jahresumsatz unter 500 Mio. Euro. Ihnen bietet die KfW Kredite zur Behebung vorübergehender Liquiditätsengpässe unter der Voraussetzung, dass die Unternehmen grundsätzlich wettbewerbsfähig sind und positive Zukunftsaussichten haben.

Wie wird die Liquidität überprüft?

Zur Überprüfung der Liquidität dienen zwei Verfahren: Erstens die Analyse der Liquiditätsrechnung oder –planung. Diese umfasst normalerweise den Zeitraum der nächsten sechs, besser jedoch zwölf Monate, und stellt alle geplanten Einnahmen den Ausgaben des Unternehmens gegenüber. Aus der Differenz der Einnahmen und Ausgaben sowie dem Saldo des Vormonats ergibt sich der neue monatliche Saldo, also die Liquidität, die das Unternehmen zur Erfüllung ihrer finanziellen Verbindlichkeiten zur Verfügung hat. Ergibt der Saldo jedoch einen Fehlbetrag, so gilt es diesen schnellstmöglichst, z.B. durch kurzfristige Bankkredite, zu beheben.

Das zweite Verfahren zur Überprüfung der Liquidität ist eher vergangenheitsorientiert und zeigt auf, mit welcher Liquidität das Unternehmen bisher gearbeitet hat. Dies kann Aufschlüsse auch auf zukünftige Handlungen der Unternehmensleitung geben. Hat ein Unternehmen bereits in der Vergangenheit eine schlechte Liquidität, so kann dies zu einer ernsten Gefahr für die Zukunft werden. Außerdem führt dies zu einer schlechteren → **Kreditwürdigkeit**. Das zweite Verfahren zur Überprüfung der Liquidität orientiert sich an drei Liquiditätsgraden, von denen spätestens der 3. Grad einen Wert von 100% ergeben muss.

Die Liquidität ersten Grades, die auch als Kassen- oder Barliquidität bezeichnet wird, betrachtet die sofort greifbaren, flüssigen Mittel im Vergleich zu den kurzfristigen Verbindlichkeiten (Schulden).

$$\text{Liquidität 1. Grades} = \frac{\text{Flüssige Mittel}}{\text{Kurzfristige Verbindlichkeiten}} \times 100 = x \,\%$$

Die flüssigen Mittel bestehen vornehmlich aus den Positionen Bankguthaben, Kasse, Schecks und Wechsel. Die kurzfristigen Verbindlichkeiten resultieren aus Lieferungen und Leistungen, Krediten und Darlehen mit einer Laufzeit unter einem Jahr. Kapitalgesellschaften ordnen manchmal auch den Bilanzgewinn den kurzfristigen Verbindlichkeiten zu, wenn dieser an die Aktionäre ausgeschüttet werden soll.

Die Liquidität ersten Grades gibt an, wie hoch der Anteil der flüssigen Mittel an dem kurzfristigen Fremdkapital ist. Eine Liquidität 1. Grades in Höhe von 20 Prozent sagt aus, dass lediglich 20 Prozent der kurzfristigen Verbindlichkeiten mit den flüssigen Mitteln beglichen werden können. Das Bundesministerium für Wirtschaft und Technologie empfiehlt einen Richtwert für die Liquidität ersten Grades von über 25 Prozent, so dass mindestens 25 Prozent der kurzfristigen Verbindlichkeiten durch freie Barmittel abgedeckt sind.

Tipp

Weist ein Unternehmen eine Barliquidität von weit über 100 Prozent auf, so kann dies z.B. folgende Gründe haben: Das Unternehmen möchte demnächst groß investieren (z.B. in neue Anlagen oder in den Kauf eines anderen Unternehmens) und hat dazu seine Kriegskasse aufgefüllt, das Unternehmen hatte vor kurzem eine Kapitalerhöhung oder die Unternehmensleitung verfolgt eine sehr konservative Finanzpolitik mit hohen Sicherheiten im Kassenbestand. In der Regel ist jedoch die Barliquidität oft unter 30 Prozent.

Generell erscheint die Barliquidität jedoch wenig geeignet zur Beurteilung der Zahlungsfähigkeit, denn es ist nicht zu vertreten, dass die kurzfristigen Verbindlichkeiten aus den vorhandenen Zahlungsmittelbeständen beglichen werden müssen. Die Fachliteratur verweist daher auch auf die nun folgenden Liquiditätsgrade Zwei und Drei als sinnvolle Liquiditätskennziffern.

Die Liquidität zweiten Grades ist aussagekräftiger als die Barliquidität. Sie berücksichtigt neben den frei verfügbaren Zahlungsmittel (Barliquidität) auch die noch zu erwartenden Einzahlungen für Lieferungen und Leistungen durch die Kunden (Forderungen).

$$\text{Liquidität 2. Grades} = \frac{\text{Flüssige Mittel} + \text{Forderungen}}{\text{Kurzfristige Verbindlichkeiten}} \times 100 = x \,\%$$

Die flüssigen Mittel bestehen erneut aus den Positionen Bankguthaben, Kasse, Schecks und Wechsel. Diesen werden im Gegensatz zu der Barliquidität die Forderungen beigefügt. Da die Forderungen Finanzpositionen sind, von denen man ausgeht, dass sie durch die Bezahlung der Kunden bald zu flüssigen Mitteln werden, spricht man bei diesem Liquiditätsgrad auch von der „Liquidität auf kurze Sicht" oder Quick Ratio. Die kurzfristigen Verbindlichkeiten bestehen erneut aus Lieferungen und Leistungen, Krediten und Darlehen mit einer Laufzeit unter einem Jahr. Aktive Rechnungsabgrenzungsposten werden den Forderungen, passive Rechnungsabgrenzungsposten den kurzfristigen Verbindlichkeiten zugeordnet.

Wunsch der Finanztheorie ist es, dass die Liquidität zweiten Grades eine Höhe von 100 Prozent hat. Dies würde bedeuten, dass die flüssigen Mittel zusammen mit den Forderungen ausreichen, um alle kurzfristigen Verbindlichkeiten und Rückstellungen begleichen zu können. Ein Unternehmen könnte somit alle Verpflichtungen gegenüber den Gläubigern für die nächsten 12 Monate nachkommen. Die Liquidität wäre (theoretisch) nicht gefährdet.

Wichtig

In der Praxis ergeben sich bei der Liquidität zweiten Grades zwei Schwierigkeiten: Erstens existiert immer eine Unsicherheit über die Forderungseingänge, da wie an anderer Stelle ausgeführt, die Zahlungsmoral immer schlechter wird. Zweitens ist dies eine vergangenheitsorientierte Analyse und keine Betrachtung von aktuellen Istzahlen und Plandaten, wie in der zukunftsorientierten Liquiditätsrechnung und –planung.

In vielen Unternehmen ergibt erst die Liquidität dritten Grades, auch Liquidität auf mittlere Sicht oder Current Ratio genannt, einen Wert von über 100 Prozent. Die Liquidität dritten Grades gibt an, zu welchem Anteil das kurz- und mittelfristige Fremdkapital durch das Umlaufvermögen gedeckt ist.

Liquidität 3. Grades	=	Umlaufvermögen / Kurzfristige Verbindlichkeiten	x 100 = x %

Bei einer Liquidität des dritten Grades von über 100 Prozent kann das Unternehmen alle innerhalb von 12 Monaten rückzahlbaren Schulden aus seinem eigenen Umlaufvermögen decken.

Wichtig

Viele Tochtergesellschaften von Konzernen weisen schlechte Liquiditätsgrade aus. Oft hat selbst die Liquidität dritten Grades keine 100 Prozent. Dies erklärt sich meist mit einem konzernweiten, zentralen Geldmanagement, das die flüssigen Mittel bündelt und gezielter verwaltet. Dieses Vorgehen ist nur dann schlecht, wenn den Tochtergesellschaften bei Liquiditätsengpässen das Geld nicht wieder zurückgegeben wird.

Tipp

Umgekehrt weisen viele Unternehmen eine Liquidität dritten Grades von über 300 Prozent aus. Dies ist nicht tragisch. So haben z.b. Händler oft große Vorräte und Lagerbestände, so dass das Umlaufvermögen das Anlagevermögen weit übersteigt.

Ändert man die Berechnung der Liquidität dritten Grades nur insofern, dass es sich nicht um eine Division sondern um eine Subtrahierung handelt, so ergibt sich das Net Working Kapital. Dieses zeigt den absoluten Überschuss des Umlaufvermögens über die kurzfristigen Verbindlichkeiten.

Net Working Capital	=	Umlaufvermögen – kurzfristige Verbindlichkeiten

Das Net Working Capital (Nettoumlaufsvermögen) wird vielfach – ähnlich dem Cash Flow – als Indikator für die Finanzkraft sowie für die Ertragskraft herangezogen.

Angesichts der zentralen Bedeutung der Liquidität auch für die Beschäftigten und das langfristige Überleben des Unternehmens, sind zusätzlich zu den Liquiditätsgraden auch Überlegungen zur Mindestliquidität anzustellen. Als Mindestliquidität bezeichnet man jenen Bestand an vorhandenen Zahlungsmitteln und nicht genutzten Kreditlimiten bei Banken, welcher nicht unterschritten werden sollte. Dieser Bestand ist ein Sicherheitsbestand für die Existenz des Unternehmens und dessen Zahlungsfähigkeit. Als Normgröße für eine Mindestliquidität werden 2 bis 3 Prozent vom Jahresumsatz empfohlen.

Tipp

Ein Unternehmen sollte mindestens immer eine Liquidität von 2 bis 3 Prozent seines Jahresumsatzes vorweisen können.

Der Volkswagen-Konzern betrachtet zwei Monatsumsätze als Sollliquidität, in der Schweiz gelten 5 Prozent vom Jahresumsatz als sinnvolle Minimalliquidität. Beträge, die diesen Wert übersteigen, werden als Vorratsliquidität bezeichnet. Es handelt sich dann um Liquiditätsreserven im eigentlichen Sinn, die über den Sicherheitsbestand hinausgehen.

20 Personengesellschaften

Was sind Personengesellschaften?

Die Form der Personengesellschaft gehört zu den möglichen → **Rechtsformen** eines Unternehmens. Grundsätzlich zeichnen sich Personengesellschaften dadurch aus, dass es sich – im Gegensatz zu den Kapitalgesellschaften - bei den Eigenkapitalgebern und Geschäftsführern um dieselben Personen handelt. Personengesellschaften haben – bis auf die GmbH & Co KG - mindestens eine Privatperson als Gesellschafter, die mit ihrem Privatvermögen unbeschränkt haftet und nur dadurch zur Geschäftsführung befugt ist. Gibt es mehrere voll haftende Gesellschafter, so sind sie alle zur Geschäftsführung berufen. Die Abstimmung zwischen ihnen erfolgt nach Köpfen, und nicht nach Anteilen oder individueller Macht. Der Tod eines voll haftenden Gesellschafters führt zur Auflösung des Unternehmens.

Zu den Personengesellschaften zählen vor allem die Einzelunternehmen, die Gesellschaft bürgerlichen Rechts (GbR), die Offene Handelsgesellschaft (OHG), die Kommanditgesellschaft, die Stille Gesellschaft und offiziell auch die GmbH & Co. KG, obwohl diese von ihrer Haftung eher einer → **Kapitalgesellschaft** zuzuordnen wäre.

Was ist eine Einzelunternehmung?

Ein Einzelunternehmen ist eine Personengesellschaft und ist dadurch gekennzeichnet, dass nur eine natürliche Person einen kaufmännischen Betrieb ohne weitere Gesellschafter betreibt. Nur ein stiller Gesellschafter kann maximal neben dem Einzelunternehmer an der Gesellschaft beteiligt sein. Kapital und Leitung vereinigen sich damit in nur einer einzigen Person.

Wichtig!

Der Einzelunternehmer haftet für die Verbindlichkeiten seiner Firma alleine und unbeschränkt, d.h. nicht nur mit dem Geschäftsvermögen, sondern auch mit seinem Privatvermögen. Dabei stellt das Privatvermögen des Unternehmers auch das Eigenkapital des Betriebes dar.

Beispiel: In den letzten Jahren wuchs die Anzahl der Freiberufler in der Technologiebranche. Ca. 30.000 Personen arbeiten heute bereits in Deutschland als selbständige Programmierer, Systemadministratoren, Systemberater etc. Voraussetzung für die Selbständigkeit ist neben der fachlichen Qualifikation nur eine Steuernummer und die Mehrwertsteueroption vom Finanzamt. Als Gründe und Vorteile nennen viele Freiberufler die erhöhte Freude an der Arbeit, eine freiere Verfügungsgewalt über ihre Zeit; während als Nachteile oft das Fehlen einer Einbindung in ein Team sowie die eigene Nachlässigkeit bei der sozialen Absicherung gesehen wird

Da der Inhaber alleine tätig ist, obliegt ihm selbstverständlich auch die Geschäftsführung des Unternehmens. Er entscheidet über die zu erstellenden Produkte bzw. Dienstleistungen, über alle internen Abläufe und Aufgaben. Nur er ist befugt, mit dritten Personen Geschäfte abzuschließen. Über den Gewinn, der ihm in seiner Leistungserbringung entsteht, kann er frei walten. Allerdings trägt er auch alleine alle möglichen Verluste. Die Einzelunternehmung unterliegt keiner Steuer – besteuert wird der Gesellschafter im Rahmen seiner Einkommenssteuer.

Der Vorteil der Einzelunternehmung liegt für einen Unternehmer in der Möglichkeit, seinen Betrieb eigenverantwortlich, d.h. ohne Rücksicht auf die Interessen weiterer Gesellschafter, zu führen. Er ist flexibel in seinen Entscheidungen, haftet aber auch persönlich und unbeschränkt für die Schulden seiner unternehmerischen Tätigkeit. Ein zweiter Vorteil liegt in der Tatsache, dass Einzelunternehmungen mit kleinem Geschäftsumfang nicht im Handelsregister eingetragen werden müssen.

Was ist eine Gesellschaft des bürgerlichen Rechts (GbR)?

Die Gesellschaft des bürgerlichen Rechts ist ein vertraglicher Zusammenschluss von natürlichen oder juristischen Personen zur Erreichung eines gemeinsamen Zwecks. Der Gesellschaftsvertrag wird formlos abgeschlossen, d.h. z.B. ohne notarieller Beglaubigung. Es ist noch nicht einmal ein Schriftstück notwendig. Meist wird die GbR für eine kurzfristige Zusammenarbeit zwischen gleichwertigen Geschäftspartnern eingerichtet.

Beispiel: Im betrieblichen Umfeld kommt die GbR beispielsweise des Öfteren bei Großaufträgen in der Bau- oder Investitionsgüterindustrie vor. Dies kann daran liegen, dass es für die einzelnen Unternehmen aufgrund von Finanz- oder Kapazitäts-Engpässen unmöglich ist, Großaufträge alleine durchzuführen. Auch zwischen Banken werden regelmäßig auf bestimmte Zeit Bankkonsortien zur Emission von Wertpapieren oder zur Finanzierung von Großprojekten initiiert. Für freie Berufe wie Rechtsanwälte oder Ärzte, die einem strengen Berufsrecht unterliegen, ist die GbR die einzige Möglichkeit, sich einer Gesellschaft anzuschließen.

Die Gesellschaft bürgerlichen Rechts kann jedoch auch für eine dauerhafte Beziehung verwendet werden, was vor allem im privaten Umfeld häufiger vorkommt.

Wichtig!

Viele Personen wissen noch nicht einmal, dass sie Gesellschafter einer GbR sind und demnach auch die Konsequenzen aus möglichen Vergehen der übrigen Gesellschafter mit ihrem Privatvermögen abdecken müssen.

Beispiel: Viele Wohnungseigentümergemeinschaften sind lose Zusammenschlüsse zwischen den einzelnen Eigentümern verschiedener Wohnungen im gleichen Haus. Die einzige formelle Basis ist meist ein schriftlicher Vertrag mit Nennung der Zweckbestimmung sowie der Kündigungsregelung.

Die Gesellschaft des bürgerlichen Rechts kann nicht ins Handelsregister eingetragen werden. Sie wird auch nicht durch das HGB sondern durch das Bürgerliche Gesetzbuch (BGB) geregelt, und dort innerhalb der §§705 und 740 BGB. Sie kann nach außen auftreten, braucht dies aber nicht. Wie beim Einzelunternehmen haften die Gesellschafter der GbR persönlich mit ihrem gesamten Privatvermögen, ohne die Gläubiger zunächst auf das Gesellschaftsvermögen verweisen zu können. Die Gesellschafter haften ferner gesamtschuldnerisch und unmittelbar.

Wichtig!

Bei einer GbR gilt die unbeschränkte, gesamtschuldnerische sowie unmittelbare Haftung.

Unter einer unbeschränkten, gesamtschuldnerischen und unmittelbaren Haftung versteht man nicht nur bei einer GbR sondern auch bei allen persönlich haftenden Gesellschaftern einer Personengesellschaft :

- **Unbeschränkte Haftung:** Die Gesellschafter haften mit ihrem gesamten Privatvermögen.

- **Gesamtschuldnerische bzw. solidarische Haftung:** Jeder einzelne Gesellschafter haftet den Gläubigern für die Erfüllung sämtlicher Gesellschaftsschulden, auch wenn diese von einem anderen Gesellschafter initiiert wurden. Die Gläubiger können also von jedem Gesellschafter die Zahlung bestehender Schulden verlangen. Ein neu eingetretener Gesellschafter übernimmt auch die Verantwortung für die vor seinem Beitritt entstandenen Verbindlichkeiten.

- **Unmittelbare Haftung:** Gläubiger müssen nicht erst gegen die Gesellschaft klagen, sondern können direkt gegen einzelne Gesellschafter auf Zahlung klagen.

Die Geschäftsführungsbefugnis liegt in der Regel gemeinschaftlich bei allen Gesellschaftern, d.h. sie führen die Gesellschaft zusammen. Allerdings können abweichende Regelungen in dem Gesellschaftsvertrag vereinbart worden sein, wonach die Geschäftsführung auf nur einen oder zwei Gesellschafter übertragen wurde. Nach dem Gesetz gilt für die GbR eine Gesamtvertretungsmacht, so dass z.B. beim Abschluss eines Vertrages alle Gesellschafter zustimmen müssen.

Sollten im Rahmen des Geschäftszwecks ein Gewinn - oder gar ein Verlust - entstanden sein, so wird dieser nach Köpfen verteilt. Eine eventuell unterschiedliche Höhe der Kapitaleinlage bleibt als Verteilungsmaßstab unberücksichtigt.

Was ist eine Offene Handelsgesellschaft (OHG)?

Die offene Handelsgesellschaft hat eine gewisse Ähnlichkeit mit der Gesellschaft des bürgerlichen Rechts (GbR). Auch hier schließen sich mindestens zwei gleichberechtigte und voll haftende Gesellschafter zusammen. Allerdings ist die OHG nicht nur für kurze Dauer möglich, sondern soll langfristige Ziele verfolgen. Dies unterstreicht auch die Forderung, dass eine OHG in das örtliche Handelsregister einzutragen ist.

Geregelt ist die offene Handelsgesellschaft im HGB ab §105. Es handelt sich um eine Gesellschaft zum Betrieb eines Handelsgewerbes. Die Gesellschafter bringen das gesamte Eigenkapital aus ihrem Privatvermögen ein und haften – ebenso wie der GbR – den Gläubigern unbeschränkt, unmittelbar und gesamtschuldnerisch. Durch diese intensive Haftung genießt die OHG sowohl bei Banken als auch bei Geschäftspartnern ein hohes Vertrauen und eine gute Kreditwürdigkeit.

In der Vergangenheit war es Pflicht, dass eine offene Handelsgesellschaft den Namen mindestens eines Gesellschafters enthält, mit einem Zusatz über das Gesellschaftsverhältnis. So gibt es auch noch heute eine Reihe von OHGs mit Namen wie „Karl Müller & Co." oder „Karl Müller OHG".

Alle Gesellschafter sind zur Geschäftsführung berechtet, es sei denn, ein Gesellschaftsvertrag schließt einzelne Gesellschafter von der Geschäftsführung aus. So kann es auch zu einer Einzelgeschäftsführungsbefugnis kommen, was bedeutet, dass im Innenverhältnis jeder Gesellschaft alleine berechtigt ist, die Geschäfte zu führen und Entscheidungen zu treffen. Nur bei außergewöhnlichen Aktivitäten, wie z.B. dem Kauf oder Verkauf von Grundstücken oder Unternehmensbeteiligungen, müssen auch bei der Einzelgeschäftsführungsbefugnis alle Gesellschafter zustimmen. Korrespondierend gibt es auch die Möglichkeit der Einzelvertretungsmacht für das Außenverhältnis.

Interessant ist, dass der Gesellschafter einer OHG nicht auch an einer anderen gleichartigen Handelsgesellschaft als persönlich haftender Gesellschafter teilnehmen darf. Er unterliegt nämlich laut §112 HGB einem Wettbewerbsverbot.

Für die Gewinnverteilung einer OHG gilt: Wenn ein Gesellschaftsvertrag dies nicht anders bestimmt, sind (sofern der Jahresüberschuss ausreicht) die Einlagen der Gesellschafter mit 4% zu verzinsen (§121 HGB). Ein eventueller Gewinnrest ist dann nach Köpfen – und nicht nach der Höhe der Einlagen – zu verteilen. Dies resultiert aus dem Umstand, dass alle Gesellschafter gesamtschuldnerisch, unbeschränkt und unmittelbar mit ihrem gesamten Privatvermögen haften. Ein Verlust wird ebenfalls nach Köpfen aufgeteilt und von den Eigenkapitalkonten der einzelnen Gesellschafter abgezogen.

Was ist eine Kommanditgesellschaft (KG)?

Die Kommanditgesellschaft unterscheidet sich von der OHG in erster Linie dadurch, dass sie zwei Arten von Gesellschaftern hat. Mindestens ein Gesellschafter, der Komplementär, haftet wie bei der OHG unbeschränkt, unmittelbar, gesamtschuldnerisch und mit seinem gesamten Vermögen. Weitere Gesellschafter, die Kommanditisten, haften nur auf eine bestimmte, im Handelsregister eingetragene Kapitaleinlage. Geregelt ist die Kommanditgesellschaft ab §161 HGB.

Zur Geschäftsführung sind nur die Komplementäre berechtigt. Grundsätzlich können alle Komplementäre gemeinsam die Geschäftsführung repräsentieren, doch wie bei der OHG kann ein Gesellschaftsvertrag auch hier einzelne Komplementäre von der Geschäftsführung ausschließen. Auch die Vertretung nach außen übernehmen die Komplementäre in Form von Einzelvertretungsmacht. Die Kommanditisten haben keine Erlaubnis zur Vertretung der Gesellschaft gegenüber Dritten.

Analog der OHG, und wenn durch einen Gesellschaftsvertrag nicht anders bestimmt, gilt auch bei der KG folgende Gewinnverteilung: Die Einlagen aller Gesellschafter (Komplementäre und Kommanditisten) sind mit 4% aus dem Gewinn zu verzinsen (§168 HGB). Erst bei der Verteilung des Restgewinns zeigt sich ein Unterschied zur OHG auf: Ist am Ende des Geschäftsjahres und abzüglich der 4% Zinsen ein Restgewinn übrig, so soll dieser „angemessen" verteilt werden, wobei die Komplementäre für die Funktion der Unternehmensleitung sowie des höheren Risikos mehr erhalten sollen als die Kommanditisten. An etwaigen Verlusten nimmt ein Kommanditist nur bis zum Betrage seines Kapitalanteils teil.

Die Kommanditgesellschaft (KG) ist eine typische Unternehmensform für mittelständische Betriebe. Der Vorteil zu einer offenen Handelsgesellschaft (OHG) liegt in der Aufnahme von Kommanditisten. Dies ermöglicht die Zufuhr von Eigenkapital, ohne dass die Geschäftsführungs- und Vertretungsbefugnisse der Komplementäre betroffen sind. Dennoch genießt die KG, wie die OHG, ein hohes Vertrauen bei Geschäftspartnern und Banken, was auch zu einer hohen Kreditwürdigkeit und damit verbundenen günstigeren Fremdkapitalzinsen führt.

Was ist eine GmbH & Co. KG?

Die GmbH & Co. KG ist eine Kommanditgesellschaft und somit zu den Personengesellschaften zu zählen. Es handelt sich um eine aus taktischen Überlegungen entwickelte Variante einer klassischen Kommanditgesellschaft (KG), mit einer GmbH (→ **Kapitalgesellschaften**) als einzigen Komplementär. Mit anderen Worten: Die GmbH & Co. KG gehört vor allem einer anderen Gesellschaft, die widerrum die Rechtsform einer

GmbH hat. Oft sind auch die Gesellschafter der GmbH die Kommanditisten der GmbH & Co. KG.

Wichtigster Hintergrund für diese Rechtsform ist der Wunsch nach einer Haftungsreduzierung. Diese entsteht dadurch, dass zwar normalerweise bei einer KG die Komplementäre unbeschränkt haften müssen, doch es sich hier um eine Kapitalgesellschaft als Komplementär handelt. Da zudem auch die Kommanditisten bei einer KG nur bis zu der Höhe ihrer Kapitaleinlage haften, haben wir es hier mit einer Personengesellschaft zu tun, bei der kein Gesellschafter mit seinem persönlichen Vermögen haftet! Für die etwaigen Schulden einer GmbH & Co. KG haftet die Komplementär-GmbH nur mit dem Gesellschaftsvermögen der GmbH & Co. KG und die Kommanditisten nur in Höhe ihrer Einlagen.

Das Eigenkapital der GmbH & Co. KG wird – wie bei jeder Kommanditgesellschaft – von den Komplementären, hier die GmbH, und den Kommanditisten aufgebracht. Die Geschäftsführungs- und Vertretungsbefugnis liegt, wie bei KGs üblich, bei den Komplementären. Da der einzige Komplementär eine Kapitalgesellschaft ist, übernimmt sie auch die Geschäftsführung der GmbH & Co. KG. Als Geschäftsführer können aber immer nur natürliche Personen eingetragen sein, so dass Mitarbeiter der GmbH von dieser als Geschäftsführer der GmbH & Co. KG eingesetzt werden. Anfallende Gewinne oder Verluste werden genauso verteilt, wie bei klassischen Kommanditgesellschaften üblich.

Die Rechtsform der GmbH & Co. KG wird nicht uneingeschränkt positiv bewertet: Aufgrund der Haftungsbeschränkung ist die Kreditwürdigkeit nicht so hoch wie bei einer klassischen Kommanditgesellschaft. Zudem hat die Rechnungslegung wie bei einer Kapitalgesellschaft zu erfolgen.

Was ist eine Stille Gesellschaft?

Die stille Gesellschaft hat widerrum gewisse Ähnlichkeiten mit einer Kommanditgesellschaft. Auch bei dieser ist mindestens ein Gesellschafter in seiner Haftung auf die Höhe seiner Kapitaleinlage beschränkt. Der stille Gesellschafter tritt aber – im Gegenteil zu einem Kommanditisten – nicht nach außen in Erscheinung. Dementsprechend ist diese Unternehmensform auch für außenstehende Dritte nicht erkennbar! Vielmehr engagiert sich in einer bereits bestehenden Personengesellschaft (Ausnahme: GbR) ein „stiller Gesellschafter". Dieser leistet mit seinem Eintritt eine Einlage, die in das Vermögen der bisherigen Gesellschaft übergeht.

Die stille Gesellschaft ist in den §§230 bis 237 HGB geregelt. Dort findet sich, dass der stille Gesellschafter von der Geschäftsführung ausgeschlossen ist. Er hat lediglich ein Kontrollrecht und haftet nur in Höhe seiner Einlage, aber nicht unmittelbar und nicht gesamtschuldnerisch. An einem anfallenden Gewinn wird der stille Gesellschafter „angemessen" beteiligt, eine Beteiligung am Verlust kann vertraglich ausgeschlossen werden.

Der Vorteil einer stillen Gesellschaft liegt für die Inhaber einer existierenden Gesellschaft, zum einen in der Möglichkeit, weiteres Eigenkapital bzw. neue Fachkompetenzen in das Unternehmen aufzunehmen. Gleichzeitig ist kein Verlust der eigenen Machtposition, z.B. Geschäftsführungs- und Vertretungsbefugnis, zu befürchten. Die Rechtsform der bestehenden Gesellschaft wird nicht berührt, umgekehrt kann der neue Gesellschafter keinen positiven Einfluss in der Außenwirkung geben.

Beispiel: Unter dem Namen „Eigenkapital für den breiten Mittelstand" bietet eine Initiative der Bayerische Landesregierung zusammen mit der KfW Mittelstandsbank, der Bayerischen Garantie Gesellschaft (BGG) und der Bayerischen Beteiligungsgesellschaft (BayBG) mittelständischen Unternehmen Eigenkapital im Unfang von einer Million bis zu fünf Millionen Euro. Die Beteiligung, die in Form einer stillen Beteiligung erfolgen kann, soll zur Finanzierung zusätzlicher Wachstumsmaßnahmen, zur Optimierung der Kapitalstruktur oder zur Regelung der Nachfolge eingesetzt werden. Es handelt sich in der Regel um Minderheitsbeteiligungen mit einer Laufzeit zwischen sechs bis acht Jahren. Die Einflussnahme auf die Geschäftsführung ist begrenzt.

21 Rechtsformen

Was versteht man unter einer Rechtsform und welche Bedeutung haben diese für Unternehmen?

Jedes Unternehmen hat eine bestimmte rechtliche Struktur. Mit dieser werden einerseits die rechtlichen Beziehungen zur Umwelt und andererseits Fragen der internen Organisation des Unternehmens selbst geregelt. Dabei ist die Frage nach einer Rechtsform nicht nur während der Gründungsphase von Bedeutung. Auch nach einer Gründung können Entscheidungen über den Wechsel der Rechtsform für ein Unternehmen anstehen, wie z.B. zur Verringerung der Steuerlast oder des Haftungsrisikos, bei einem Wechsel der Gesellschafter oder bei der Umstrukturierung eines Konzerns.

Wichtig!

Je nach Größe und Rechtsform des Betriebes muss ein Unternehmen seine wirtschaftlichen Daten, z.B. Umsatz, Kosten, Rentabilität, Eigentümer, Pensionsrückstellungen, veröffentlichen. Dabei handelt es sich um die so genannte Publikationspflicht.

Diese Daten, die meist in Form einer Bilanz, Gewinn- und Verlustrechnung sowie des Anhangs vorliegen, informieren gezielt über die Eigentümerstruktur eines Unternehmens (z.B. beherrschende Konzerngesellschaft oder neue Hauptaktionäre) und können Hinweise auf versteckte, stille Reserven geben.

Die Rechtsform beeinflusst zudem die Höhe und Verwendung des Unternehmensgewinns, das Haftungsrisiko sowie die Glaubwürdigkeit und langfristige Sicherheit eines Unternehmens. Je nach Rechtsform schenken Gläubiger und Banken einem Unternehmen ein größeres Vertrauen und eine höhere Kreditwürdigkeit.

Wichtig!

Abhängig von der Rechtsform und der Größe eines Unternehmens verfügen die Arbeitnehmer und ihre Vertreter über mehr Möglichkeiten der Einflussnahme. Kapitalgesellschaften haben ab einer bestimmten Anzahl von Beschäftigten z.B. einen Aufsichtsrat, in dem auch Arbeitnehmervertreter ihren Platz haben. Ein Aufsichtsrat kann neben der Kontrolle in manchen Fällen auch der Mitsprache bei wichtigen Unternehmensentscheidungen dienen.

Welche Bestimmungsgründe existieren für die Wahl einer Unternehmensform?

Unternehmensformen und die Gründe für ihre Wahl werden vor allem nach den folgenden Kriterien klassifiziert:

- Eigentümer: Art und Anzahl

- Eigenkapital: Höhe, Art und Verfügbarkeit

- Haftungsverhältnisse: für Rechtsansprüche Dritter

- Ausübung der Unternehmerfunktion: Geschäftsführungsbefugnis und Vertretungsmacht

- Gewinnverteilung: Verteilung der Gewinne oder Verluste

- Finanzierungsmöglichkeiten

- Steuerliche Belastung

- Kosten der Rechtsform

- Publizitätspflicht

Je nach Rechtsform eines Unternehmens bezeichnet man die Eigentümer als Gesellschafter, Aktionäre, Komplementäre, Kommanditisten oder als stillen Gesellschafter. Dabei kann es sich, um eine einzige natürliche Person, um eine Vielzahl natürlicher Personen oder gar um eine juristische Person handeln.

167

Unter Eigenkapital (→ **Kapital**) versteht man jene Mittel, die von den Eigentümern eines Unternehmens zu dessen Finanzierung aufgebracht oder als erwirtschafteter Gewinn im Unternehmen belassen wurde. Es wird dem Unternehmen langfristig zur Verfügung gestellt und ist die Grundlage der Existenzsicherung. Wichtig ist bei der Bewertung einer Rechtsform auch die Übertragbarkeit der Eigenkapitaleinlage bzw. der Beteiligung. Während der Kauf bzw. Verkauf einer Beteiligung bei börsennotierten Aktiengesellschaften (Aktien) über die Börse geschieht, ist dies z.b. bei GmbHs wesentlich schwieriger und zeitintensiver. Obendrein ist die Übertragbarkeit oft eine existenzielle Frage: So ist es bei Familienunternehmen von großer Bedeutung, was im Erbschaftsfall mit dem in der Firma investierten Vermögen geschieht. Eine Barabfindung der Erben oder eine Aufteilung kann die Existenzgrundlage des Betriebes aufs Schwerste gefährden. Deshalb verlangt auch das Interesse eines Unternehmens, dass die Kapitalgrundlage in solchen Fällen wenig berührt wird.

Die Haftung bildet für die Geschäftsverbindlichkeiten zwischen einem Unternehmen und seinen Zulieferern, Kunden und Gläubigern den wesentlichsten juristischen Aspekt und Unterschied zwischen den verschiedenen Unternehmensformen. Betriebswirtschaftlich betrachtet geht es dabei hauptsächlich um die Risikobeschränkung für die Eigentümer: Während der Einzelunternehmer mit seinem gesamten Privatvermögen gegenüber Gläubigern haftet, reduziert sich die Haftung z.B. von Aktionären - also den Eigentümern von Aktiengesellschaften - auf das bereits oben angesprochene gezeichnete Kapital.

Die wichtigste Unternehmerfunktion ist die innengerichtete Führung eines Unternehmens, mit dem Recht, grundlegende Entscheidungen zu treffen und die Unternehmenspolitik kurz- und langfristig zu bestimmen. In diesem Falle spricht man von der so genannten Geschäftsführungsbefugnis. Dabei unterscheiden sich je nach Rechtsform die Rechte zur Unternehmensführung: Bei einer Einzelunternehmung steht die Führungsberechtigung in engem Zusammenhang mit der rechtlichen Haftung und damit dem Tragen des Unternehmensrisikos. Kapitalbesitz und Geschäftsleitung liegen in den Händen des Eigentümers. Bei den Kapitalgesellschaften ist die Verbindung zwischen Eigentum und Unternehmensführung aufgelöst. Die Entscheidungsbefugnis und die Haftung mit dem Privatvermögen sind nicht mehr in einer Person vereint. Es entstehen eine Reihe komplizierter Führungsprobleme.

Eine weitere Befugnis im Rahmen der Aufgabenteilung zwischen Gesellschaftern eines Unternehmens ist die Vertretungsmacht nach außen.

Hierunter versteht man das Verhältnis der Gesellschaft und ihrer Gesellschafter zu dritten Personen. Es gilt zu regeln, wer von den Gesellschaftern befugt ist, mit der Umwelt des Unternehmens Geschäfte abzuschließen.

Je nach Rechtsform können die Eigentümer frei über einen Jahresüberschuss verfügen, muss dieser nach Köpfen und in gleichen Anteilen verteilt werden oder es sind sogar gesetzliche Rücklagen zu bilden. Ferner heißt der ausgezahlte Gewinn manchmal „Dividende", manchmal auch einfach nur „Gewinn".

Unter Finanzierungsmöglichkeiten versteht man die Möglichkeiten, in wieweit ein Unternehmen Eigen- und Fremdkapital beschaffen kann. Auch diese hängen von der jeweiligen Rechtsform ab. Den so genannten Personengesellschaften ist der Zugang zum Kapitalmarkt (z.B. zur Börse oder für Anleihen) verschlossen, so dass sich bei ihnen das Fremdkapital vor allem aus den Forderungen der Gläubiger und aus Bankkrediten ergibt.

Die Rechtsformen werden unterschiedlich besteuert. Dabei unterliegen die Eigentümer einer Einzelunternehmung der privaten Einkommenssteuer, während Kapitalgesellschaften gewerbliche Steuern zahlen.

Jede Rechtsform verursacht verschiedene Kosten. So unterscheiden sich die Beträge für die Unternehmungsgründung, das Mindestkapital oder auch für eventuell anfallende Abschlussprüfungen durch einen Wirtschaftsprüfer. Auch für Veränderungen in der Unternehmensstruktur (z.B. Ein- und Austritt von Gesellschaftern) entstehen je nach Rechtsform verschiedene Kosten.

Die Rechtsform eines Unternehmens bestimmt auch die Notwendigkeit zur Publizität, d.h. der Unterrichtung der Öffentlichkeit über das Betriebsgeschehen, die Lage und Erfolge sowie über die Ursachen der geschäftlichen Entwicklung. Dabei unterliegen nach dem Deutschen Handelsrecht und je nach Größenklassen (§§267 und 325 HGB) Kapitalgesellschaften der Pflicht, ihren Jahresabschluss mit dem Lagebericht zu veröffentlichen.

Welche Rechtsformen gibt es in Deutschland?

Die in Deutschland zulässigen Rechtsformen werden v.a. im Handelsgesetzbuch (HGB) aufgeführt, und können von den Unternehmen frei gewählt werden. Man unterscheidet Betriebe in öffentliche und privatwirtschaftliche Unternehmen. Bei den öffentlichen Betrieben handelt es sich um staatliche Betriebe in Marktwirtschaften (auch sog. Staatsbetriebe). Man findet sie vor allem in der Ver- und Entsorgungswirtschaft (Elektrizität, Gas, Wasser, Abfall), Verkehrswirtschaft (Bahn, Schifffahrt, Strasse), Kreditwirtschaft (Bundesbank, Landesbank), Informationswirtschaft (Radio, Fernsehen) und Kommunikationswirtschaft (Post, Telefon). Im Unterschied zu den privatwirtschaftlichen Betrieben haben sie andere rechtlichen Grundlagen, Kapitalbeteiligungen und Freiheiten der Selbstbestimmung.

Innerhalb der privatwirtschaftlichen Unternehmen differenziert man weiter zwischen den folgenden Rechtsformen:

- Personengesellschaften: Zu ihnen gehören die Einzelunternehmung, GbR, OHG, KG, die stille Gesellschaft und die GmbH & Co. KG.

- Kapitalgesellschaften: Hierzu zählen die GmbH, die AG und die KGaA.

- Genossenschaften

Die einzelnen Rechtsformen werden detailliert in den Kapiteln → **Personengesellschaften** und → **Kapitalgesellschaften** erläutert.

22 Rentabilität

Manager sprechen immer gerne von der Rentabilität. Doch was bedeutet diese Kennzahl überhaupt? Gibt es vielleicht verschiedene Rentabilitäten und wann ist eine Rentabilität überhaupt gut oder schlecht?

Was bedeutet der Begriff „Rentabilität"?

Der Begriff „Rentabilität" gibt zunächst einmal nichts anderes an, als um wie viel sich ein eingesetztes Kapital während einer bestimmten Zeitspanne verzinst hat. Zur Berechnung dieser Verzinsung dient als Formel:

$$\text{Rentabilität} = \frac{\text{Gewinn}}{\text{Eingesetztes Kapital}} \times 100 = x\,\%$$

Spricht man nun von einem „rentablen" Unternehmen, so meint dies, dass das Unternehmen einen Gewinn erwirtschaftet hat. Ob nun allerdings dieser Gewinn ausreichend ist oder nicht, lässt sich erst in Form verschiedener Rentabilitätskennzahlen ermitteln. Diese werden im Folgenden aufgeführt.

Tipp!

Spricht man hingegen von der **Produktivität**, so bezeichnet dies das mengenmäßige Verhältnis zwischen einem „Output" und einem „Input". Als Output kann in einer Industrieproduktion z.b. die produzierte Menge (z.B. Anzahl Brötchen) genommen werden, der man die Menge an Rohstoffen (z.B. Mehl, Wasser, Salz) oder die Arbeitsstunden der in der Produktion beschäftigten Mitarbeiter gegenüberstellt. Eine Produktivitätssteigerung läge vor, wenn mit der gleichen Menge an Rohstoffen (Input) die gleiche Anzahl an Brötchen, oder aber bei gleicher Menge an Rohstoffen mehr Brötchen als bisher produziert werden können. Bei der Produktivitätsdiskussion wird jedoch die Qualität außer Acht gelassen!

Welche Arten von Rentabilitäten gibt es?

Bei den Rentabilitätskennzahlen unterscheidet man vor allem zwischen den Kapitalrenditen und der Umsatzrendite.

Der Grundgedanke der unterschiedlichen Kapitalrenditen ist die Tatsache, dass es problematisch ist, einen absoluten Gewinnwert als Zielgröße zu definieren. Ist ein Gewinn von 100.000 Euro viel oder wenig? Für manch kleinere Firmen ist 100.000 Euro ein guter Gewinn, doch für Konzerne wäre diese Summe ein eher schlechter wenn nicht sogar gefährlicher Wert. Man ist deshalb dazu übergegangen, den Gewinn relativ zu betrachten, also in ein Verhältnis zu anderen Werten zu setzen. Nimmt man zum Beispiel den Gewinn im Verhältnis zum eingesetzten Kapital, so erhält man einer der Kapitalrentabilitäten, wie der Eigen- und Gesamtkapitalrendite.

Eigenkapitalrentabilität

Aus der Sicht der Unternehmenseigner ist die Eigenkapitalrentabilität oder Eigenkapitalrendite von hoher Bedeutung. Hier wird der Gewinn zu dem eingesetzten Eigenkapital gesetzt:

$$\text{Eigenkapitalrendite} \quad = \quad \frac{\text{Gewinn}}{\text{Eigenkapital}} \quad \text{x 100} = \text{x \%}$$

Beispiel: Ein Unternehmen erwirtschaftet einen Gewinn von 100.000 Euro. Während eine kleine Firma über relativ wenig Eigenkapital verfügt, wie z.B. 250.000 Euro, liegt das Eigenkapital eines großen Unternehmens schnell über 5.000.000 Euro. Die eigenkapitalrentabilität liegt bei der kleinen Firma bei einem Wert von 40 Prozent, bei der großen Firma bei nur 2 Prozent. Während die kleine Firma einen für ihre Verhältnisse extrem guten Gewinn erzielt, liegt die Verzinsung des Eigenkapitals der großen Firma sogar noch unter den Zinsen einer sicheren Bundesanleihe.

Die Eigenkapitalrendite (englisch: Return on Equity) interessiert vor allem die Anteilseigner, wie z.B. Aktionäre. Hiermit haben sie eine Basis, die Verzinsung ihres im Unternehmen eingesetzten Kapitals mit anderen

Anlagemöglichkeiten, z.b. Anleihen, zu vergleichen. Mittelfristig werden sie jene Anlageform wählen, die die höhere Rendite abwirft. Für ein Unternehmen mit zu geringer Eigenkapitalrentabilität (als sehr schlecht gilt zum Beispiel ein Wert unter 6%) kann dies langfristig zu fehlenden Finanzmitteln und damit zu negativen Konsequenzen für die Beschäftigten führen.

Im Vergleich zu anderen Unternehmen einer Branche gilt grundsätzlich: Je höher die Eigenkapitalrendite desto positiver die Beurteilung. Allerdings muss selbst eine relativ geringe Eigenkapitalrendite für sich nicht unbedingt als negativ interpretiert werden, wenn die Gesellschaft diese z.b. in den letzten Geschäftsjahren sukzessive erhöhen konnte, der Trend also positiv ist. Dann lässt sich hieraus interpretieren, dass das Management die Ertragssituation in den Griff bekommt.

Tipp!

Gute Eigenkapitalrentabilitäten beginnen ab 12%, sehr gute ab 15%!

Gesamtkapitalrentabilität

Die Gesamtkapitalrentabilität oder Gesamtkapitalrendite betrachtet sowohl das Eigenkapital als auch das Fremdkapital, also alle lang-, mittel- und kurzfristigen Forderungen Dritter an das Unternehmen (wie z.b. Bankkredite).

Gesamtkapitalrendite $= \dfrac{\text{Gewinn + Fremdkapitalzinsen}}{\text{Gesamtkapital}} \times 100 = x\ \%$

Die Gesamtkapitalrendite ist die gemeinsame Rendite der Eigen- und Fremdkapitalgeber. Daher sind die Fremdkapitalzinsen dem Gewinn hinzuzurechnen. Sie wurden in der gleichen Periode erwirtschaftet, schmälern jedoch als Aufwand den Gewinn.

Die Gesamtkapitalrentabilität interessiert besonders externe Analytiker und Investoren (z.B. Banken), da er die Verzinsung des gesamten im Unternehmen eingesetzten Kapitals ausgedrückt. Dieser Wert hilft einer besseren Beurteilung der Leistungsfähigkeit eines Unternehmens, da darin die lediglich von der Finanzierung ausgehenden Einflüsse eliminiert wurden. Daher lässt sich die Gesamtkapitalrentabilität auch gut mit den Zinssätzen für Fremdkapital vergleichen. Eine über den Fremdkapitalzinsen liegende Gesamtkapitalrentabilität besagt, dass in und mit dem Unternehmen ein höherer Investitionsgewinn erzielt werden kann, als an Zinsen für Fremdkapital zu zahlen sind. Eine weitere Aufnahme von Fremdkapital zur weiteren Gewinnsteigerung und damit zur Erhöhung der Eigenkapitalrentabilität wäre denkbar.

Tipp!

Da bei den monatlichen Gewinn- und Verlustrechnungen meist nur der Betriebsgewinn (EBIT) errechnet wird, kann notfalls auch mit Betriebsgewinnen im Zähler eine zeitliche Entwicklung überprüft werden!

Umsatzrentabilität

Unter der Umsatzrentabilität oder Umsatzrendite versteht man die Kennzahl, bei der der Jahresüberschuss durch den Umsatz dividiert wird. Die Umsatzrendite zeigt damit an, wie gut sich die Produkte und Dienstleistungen des Unternehmens am Markt verkaufen und wie kostengünstig diese erbracht bzw. hergestellt werden

Umsatzrendite	=	$\dfrac{\text{Gewinn}}{\text{Umsatzerlöse}}$	x 100 = x %

Eine Umsatzrendite von 8 Prozent gibt zum Beispiel an, dass von 100 Euro Umsatz 8 Euro als Jahresüberschuss dem Unternehmen übrig bleiben. Die Umsatzrendite ist somit die Gewinnspanne des Unternehmens. Je höher diese ist, desto mehr Spielraum besteht für das Unternehmen, einen möglichen Absatzrückgang, Preisverfall oder Kostensteigerung aufzufangen.

Tipp!

Für die Umsatzrendite existiert keine branchenübergreifende Bewertung. Vielmehr ist die Umsatzrendite branchenspezifisch zu bewerten. Orientierung bieten hierzu die Branchenverbände, Kammern und Gewerkschaften!

Etwa ein Drittel des deutschen Mittelstandes erwirtschaftete jedoch gar keinen Gewinn bzw. sogar negative Umsatzrentabilitäten. Doch selbst mit bescheidenen Umsatzrenditen kann ein Unternehmen eine gute Gesamtkapitalrentabilität erwirtschaften. Voraussetzung ist dabei, dass mit dem Kapitaleinsatz ein hoher Umsatz erreicht wird. Dies ist beispielsweise bei vielen Händlern der Fall. Sie erreichen mit wenig Kapitaleinsatz große Umsätze, so dass sie parallel eine eher bescheidene Umsatzrendite von 1,5 Prozent und eine hohe Gesamtkapitalrenditen von über 10 Prozent aufweisen.

Tipp!

Vorsicht beim Vergleich der Umsatzrenditen verschiedener internationalen Standorte! Hier empfiehlt sich die Verwendung der Berechnung vor Steuern, also einer Umsatzrendite mit dem Gewinn vor Steuern dividiert durch den Umsatz. Dies eliminiert die Effekte der zwischen den Staaten unterschiedlichen Unternehmensbesteuerung.

Welche Gefahren resultieren aus Rentabilitätskennziffern?

Die Rentabilitätskennziffern gehören zu den klassischen Instrumenten der Bilanzpolitik. Dennoch sind bei ihrer Verwendung einige Gefahren zu beachten:

*   Nicht immer ist ein Bezug zwischen Umsatz und Gewinn gegeben, da der Gewinn auch aus Finanzgeschäften stammen kann.

*   Die Basis für die Eigenkapitalrendite ist nicht exakt, da im Eigenkapital bereits der Gewinn („Jahresüberschuss") enthalten ist. Manche Wissenschaftler empfehlen daher das Eigenkapital in der Höhe des Vorjahres zu verwenden.

*   Die Aussagen über die alle Rentabilitäten lassen keine Prognose für die Zukunft zu.

23 Rückstellungen

Was sind Rückstellungen?

Durch Rückstellungen werden künftige Risiken vorweggenommen und Mittel zur finanziellen Vorsorge für einen späteren Zeitpunkt gebildet. Es handelt sich um Aufwendungen, die ihren wirtschaftlichen Grund in der laufenden Periode haben, die aber erst in einer späteren Periode zu Auszahlungen oder Mindereinzahlungen führen.

Wirtschaftlich sind sie als Fremdkapital (→ **Kapital**) anzusehen, denn sie sind Schulden des Unternehmens, die sich jedoch noch nicht konkretisiert haben. Sie unterscheiden sich von den Verbindlichkeiten dadurch, dass ihre Fälligkeit und Höhe noch ungewiss ist, während bei den Verbindlichkeiten der Rückzahlungstermin und die –höhe klar definiert sind.

Wofür können Rückstellungen gebildet werden?

Zur Bildung von Rückstellungen existieren auch laut § 249 HGB verschiedene Möglichkeiten, die sich wie folgt gruppieren lassen:

Möglichkeiten der Rückstellungen

- Ungewisse Verbindlichkeiten: z.B. für Steuernachzahlungen, Jahresabschlusskosten, Garantieverpflichtungen und Pensionen

- Drohende Verluste aus schwebenden Geschäften: z.B. erheblicher Preisrückgang von gekauften, jedoch noch nicht gelieferten Rohstoffen

- Unterlassene Instandhaltung, wenn sie im folgenden Geschäftsjahr innerhalb von 3 Monaten nachgeholt wird

- Gewährleistung ohne rechtlichen Verpflichtungen (Kulanzaufwendungen)

Abbildung 31: Die Möglichkeiten der Rückstellungen nach §249 HGB

Das Handelsgesetz gliedert die Rückstellungen für die Bilanz laut §266 HGB in diese drei Blöcke:

- Rückstellungen für Pensionen und ähnliche Verpflichtungen

- Steuerrückstellungen

- Sonstige Rückstellungen

Was ist wichtig bei Pensionsrückstellungen?

Eine Pensionszusage liegt vor, wenn sich der Betrieb gegenüber einem Arbeitnehmer oder einem Geschäftsführer (GmbH) bzw. Vorstand (AG) verpflichtet, im Versorgungsfall (Alter, Gebrechlichkeit) gewisse laufende Zahlungen zu erbringen. Für solche Zusagen müssen dann Rückstellungen gebildet werden, wenn bestimmte Voraussetzungen erfüllt werden (§6a EStG):

- Die Zusage muss betrieblich veranlasst sein.

- Der Berechtigte hat einen Rechtsanspruch auf einmalige oder laufende Pensionsleistungen.

- Die Zusage wurde schriftlich erteilt.

- Die Zusage darf keinen Vorbehalt enthalten, der den Pensionsanspruch vermindern oder entfallen lassen könnte.

- Die Pensionsrückstellung darf erstmals in dem Wirtschaftsjahr passiviert werden, bis zu dessen Mitte der Berechtigte das 30. Lebensjahr vollendet. Zuvor können Pensionen zwar wirksam zugesagt, aber nicht bilanziert werden.

Die Rückstellungen für Pensionen sind von besonderer Bedeutung für die Beschäftigten des Unternehmens. Hier liegt das Kapital, das die heutigen und zukünftigen Pensionsansprüche der betroffenen Arbeitnehmer finanziert. Wichtig ist deshalb die gute Pflege und klare Zielverwendung dieser Gelder.

Unternehmen haben mehrere Möglichkeiten, um zukünftige Versorgungsleistungen zu gewähren und diese abzusichern:

- Abschluss einer Direktversicherung: Das Unternehmen schließt bei einer betriebsfremden Versicherungsgesellschaft eine Versicherung für den Arbeitnehmer ab. Die vom Unternehmen periodisch gezahlten Versicherungsbeträge sind Aufwand der jeweiligen Periode und erscheinen nur in der Gewinn- und Verlustrechnung. Rückstellungen für Pensionen sind in der Bilanz nicht zu bilden, denn tritt ein Versorgungsfall ein, so ist das Versicherungsunternehmen Träger der Versorgungsleistungen.

- Zuweisung zu einer Pensions- oder Unterstützungskasse: Unternehmen besitzen die Möglichkeit, rechtlich selbständige Versorgungseinrichtungen (Unterstützungs- oder Pensionskasse) zu gründen oder an solchen sich zu beteiligen. Auch die periodischen Zahlungen an eine solche Kasse sind Aufwendungen und erscheinen lediglich in der GuV, aber nicht in der Bilanz.

- Unmittelbare Versorgungszusage: Gibt das Unternehmen selbst eine Versorgungszusage, so ist es bei Eintritt des Versorgungsfalles selbst der Verpflichtete. Nur dann sind wirklich Rückstellungen in der Bilanz zu bilden! Zur Absicherung dieser Pensionsverpflichtungen ist der Abschluss einer Rückdeckungsversicherung bei einem externen Versicherer gesetzlich vorgeschrieben. Der jeweilige Aktivwert der Rückdeckungsversicherung wird in der Bilanz aktiviert und findet sich in den sonstigen Vermögensständen.

Die Absicherung der Pensionen ist nicht zu unterschätzen, damit es den Arbeitgebern nicht wie manchem US-amerikanischen Kollegen ergeht, wo in den letzten beiden Jahren durch misslungene Spekulationen der Pensionsfonds Verluste von über 200 Milliarden Dollar entstanden.

Die Betriebswirtschaft bezeichnet die Pensionsrückstellungen auch gerne als „eigenkapitalähnliche Mittel", da sie dem Unternehmen als langfristige Finanzierungsquelle zur Verfügung stehen. Außerdem werden diese Rückstellungen ja nicht einfach nur auf der Passivseite gebildet, sondern auch auf der Aktivseite im Anlage- oder Umlaufvermögen investiert. In der Praxis übersteigen die Rentenzusagen vieler deutschen Unternehmen bereits ihr gesamtes, eigentliches Eigenkapital. Dies ist z.B. bei den Firmen Thyssen Krupp, Lufthansa, Daimler Chrysler und der Deutschen Post der Fall, wo die Pensionsrückstellungen höher als das gesamte jeweilige Eigenkapital ist. Bei RWE sind die Pensionsverpflichtungen sogar fast doppelt so hoch, wie das Eigenkapital.

Warum gibt es Steuerrückstellungen?

Die zweite Bilanzposition der Rückstellungen laut §266 HGB sind die Steuerrückstellungen. Diese sind zu bilden für die im folgenden Geschäftsjahr zu zahlenden Steuern auf das im laufenden Geschäftsjahr erzielte steuerliche Ergebnis. Auch für das Risiko, das aufgrund einer Betriebsprüfung Steuern nachzuzahlen sind, sind Rückstellungen zu bilden. Am Bilanzstichtag bereits fällige Steuerzahlungen sind hingegen als Verbindlichkeiten zu buchen, da ihre Höhe schon gewiss ist.

Welche Bedeutung haben die die sonstigen Rückstellungen?

Die dritte Bilanzposition der Rückstellungen steht für die sonstigen Rückstellungen. Hierzu zählen beispielsweise:

- Rückstellungen für drohende Verluste, wie z.B. aus einem schwebenden Geschäft. Ein solcher Verlust aus einem schwebenden Geschäft droht immer dann, wenn Erträge und Aufwendungen aus demselben noch nicht abgewickelten Geschäft sich nicht ausgleichen, sondern per Saldo ein Verpflichtungsüberschuss besteht.

- Rückstellungen für Kulanzen zielen auf die Behebung von Mängeln an eigenen Lieferungen und Leistungen vor dem Bilanzstichtag ab, wobei sich das Unternehmen auch ohne rechtliche Verpflichtung nicht entziehen kann oder will.

- Rückstellungen für Garantieverpflichtungen sollen das Risiko künftigen Aufwands durch kostenlose Nacharbeiten oder durch Ersatzlieferungen oder aus Minderungen oder Schadenersatzleistungen wegen Nichterfüllung auf Grund gesetzlicher oder vertraglicher Gewährleistungen erfassen.

- Prozessrückstellungen dürfen nur noch für anhängige Prozesse gebildet werden, bei denen das betroffene Unternehmen als Kläger oder Beklagte beteiligt ist.

- Rückstellungen für unterlassene Aufwendungen für Instandhaltung, die im folgenden Geschäftsjahr innerhalb von drei Monaten, oder für Abraumbeseitigung, die im folgenden Geschäftsjahr nachgeholt werden.

- Provisionsrückstellungen und

- Jahresabschluss- und Prüfungsrückstellungen

Wichtig!

Trotz vielen gesetzlichen Regelungen hinsichtlich der Rückstellungen, nutzen viele Unternehmen die Bildung von Rückstellungen zur Anpassung ihrer Unternehmensgewinne / -Verluste (→ **Bilanzpolitik**).

Wichtig!

Nach §249 HGB finden sich unter den sonstigen Rückstellungen auch Positionen die direkt die Beschäftigten eines Unternehmens betreffen, wie z.b. Prozesskosten oder Provisionen!

24 Vermögen

Was bedeutet der Begriff „Vermögen"?

Handelsrechtlich gehören zu dem Vermögen all jene Mittel, die einem Unternehmen tatsächlich (im Sinne von rechtlich) gehören und unmittelbar für die betrieblichen Zwecke genutzt werden oder dazu bestimmt sind. Wirtschaftsgüter, die einem anderen gehören, können nicht Teil des Vermögens sein (Ausnahme unter bestimmten Voraussetzungen: Leasing),

Dieses bisher definierte Vermögen bezeichnet man in der Betriebswirtschaft als Betriebsvermögen. Es grenzt sich ab vom Privatvermögen, dem all jene Gegenstände gehören, die in keiner Beziehung zu einem Betrieb stehen und rein privaten Zwecken dienen. Das Privatvermögen ist für das Handelsrecht wie auch für das Steuerrecht bedeutungslos.

Auskünfte über die Art und Höhe des betrieblichen Vermögens findet man in der → **Bilanz** eines Unternehmens. Bei der Bilanzierung des Vermögens bilden die Anschaffungs- oder Herstellungskosten (§255 Abs. 2 und 3 HGB) die Wertobergrenze. Dies gilt sowohl für die Handels- und Steuerbilanz.

Wichtig!

Auch wenn sich der Marktpreis für einen Vermögensgegenstand über den ursprünglichen (historischen) Wert hinaus entwickelt, darf in der Bilanz kein höherer Wert als die Anschaffungs- oder Herstellungskosten angesetzt werden.

Durch diese Regelung werden bei einem Teil der Vermögensgegenstände zwangsweise stille Reserven gebildet, die erst bei einer Veräußerung (z.B. Verkauf) der Vermögensgegenstände aufgedeckt werden. Innerhalb der Bilanz gliedert sich das Vermögen nach der Fristigkeit in das Anlage- und das Umlaufvermögen.

Was gehört zum Anlagevermögen?

Zum Anlagevermögen zählen all jene Investitionen (Mittelverwendung), die einem Betrieb nicht kurzfristig, sondern längerfristig (also mindestens mehr als 12 Monate) zur Verfügung stehen.

Gesetzliche Grundlage (§247 Abs. 2 HGB)

Beim Anlagevermögen sind nur die Gegenstände auszuweisen, die bestimmt sind, dauernd dem Geschäftsbetrieb zu dienen.

Gemäß §266 HGB zählen dazu folgende Positionen:

• Immaterielle Vermögensgegenstände

• Sachanlagen

• Finanzanlagen

Zu den immateriellen Vermögensgegenständen zählt das HGB erworbene Konzessionen, gewerbliche Schutzrechte, Lizenzen sowie Geschäfts- oder Firmenwerte (GoF). Es handelt sich um nicht fassbare bzw. manchmal sogar auch schwer messbare Werte. Zur Verhinderung böswilliger Manipulationen dürfen daher auch nur jene immateriellen Vermögensgegenstände bilanziert werden, die zuvor käuflich erworben wurden. Eigene Entwicklungen und Patente sind hingegen von einer Bilanzierung im Anlagevermögen ausgeschlossen.

Tipp!

Besonders spannend sind oft die Position des Geschäfts- oder Firmenwert. Dieser entsteht bei der Übernahme von Firmen durch das eigene Unternehmen und spiegelt den Unterschied zwischen dem Reinvermögen (d.h. Gesamtvermögens der übernommen Firma abzüglich der Schulden) und dem Kaufpreis. Wichtig ist nicht nur die Erkenntnis, wie viel das eigene Unternehmen für eine Übernahme bezahlt hat, sondern auch die Möglichkeit des übernehmenden Unternehmens, diese Position abzuschreiben und damit den Jahresüberschuss zu schmälern. Mit anderen Worten: Diese Position hilft den Gewinn zu reduzieren, wie in einem der Beispiele im Kapitel der → **Abschreibungen** dargestellt.

Zu den Sachanlagen zählen Grundstücke, Gebäude und Maschinen, also Sachgüter, die man richtig anfassen und greifen kann. Auch Werkzeuge und die Betriebs- und Geschäftsausstattung (z.b. Möbel, Computer) zählen zu den Sachanlagen.

Wichtig!

In den Sachanlagen verstecken sich gerne so genannte „Stille Reserven". Diese entstehen dadurch, dass z.b. Gebäude aufgrund der Abschreibungen nach einiger Zeit zu viel geringeren Werten in der Bilanz stehen, als man für diese bei einem Verkauf erzielen könnte. Mit anderen Worten: Das Unternehmen hat im Falle von stillen Reserven ein größeres Vermögen, als es in der Bilanz kundgibt. Die stillen Reserven gehören dem Unternehmen und können erst durch eine Veräußerung des jeweiligen Vermögensgegenstands realisiert werden.

Finanzanlagen entstehen dadurch, dass ein Unternehmen langfristig eigene finanzielle Mittel investiert. Darunter zählen sowohl Beteiligungen an oder Wertpapiere von anderen Unternehmen sowie Ausleihungen (Kredite) an andere Unternehmen, Arbeitnehmer, Vorstands- oder Aufsichtsratsmitglieder. Das Handelsgesetz unterscheidet im Rahmen der Finanzanlagen in „Beteiligungen" und „Verbundene Unternehmen". Laut §271 HGB zählen zu den Beteiligungen alle Anteile an Unternehmen, die einer dauernden Verbindung dienen. Dabei ist ab einem Anteil von mindestens 20 Prozent am Nennkapital des anderen Unternehmens von einer Beteiligung zu sprechen. Liegt der Anteil darunter, so existiert ein Wahlrecht. Die Mitgliedschaft an einer Genossenschaft gilt hingegen nicht als Beteiligung. Verbundene Unternehmen sind Beteiligungen, die als Mutter- oder Tochtergesellschaften (vgl. §290 HGB) in den Konzernabschluss (→ **Konzern**) eines Mutterunternehmens aufgenommen werden.

Was gehört zum Umlaufvermögen?

Zum Umlaufvermögen gehören jene Vermögensgegenstände, die von dem Unternehmen nur kurzfristig (d.h. unter einem Jahr) gehalten werden und nicht dazu bestimmt sind, dem Geschäftsbetrieb dauerhaft zu dienen. Vielmehr benötigt das Unternehmen die Positionen des Umlaufvermögens entweder zum Verbrauch in der Produktion (z.B. Rohstoffe) oder es handelt sich um Ergebnisse aus der Leistungserbringung (z.B. unfertige Erzeugnisse und Forderungen). Nach §266 HGB gliedert sich das Umlaufvermögen in:

• Vorräte

• Forderungen und sonstige Vermögensgegenstände

• Wertpapiere

• Kassenbestand, Bundesbankguthaben, Guthaben bei Kreditinstituten und Schecks

Als Vorräte gelten sowohl Rohstoffe (z.b. Holz zur Herstellung eines Schrankes), Hilfsstoffe (z.b. Schrauben für den Schrank), Betriebsstoffe (z.b. Energie), unfertige Erzeugnisse und unfertige Leistungen (z.b. fast fertiger Schrank oder ein in Arbeit befindlicher Bauauftrag für ein Haus) als auch fertige Erzeugnisse (z.b. bezugsfertiger Neubau eines Hauses) und Waren (z.B. Schrank).

Wichtig!

Für die Bewertung der Vorräte gibt es unterschiedliche Verfahren. Je nachdem welches Verfahren angesetzt wird, ergeben sich unterschiedliche Werte der Vorräte in der Bilanz mit Konsequenzen bis auf den Jahresüberschuss des Unternehmens.

Die klassischen, handels- und z.t. steuerrechtlich zugelassenen Verfahren zur Bewertung der Vorräte sind die Durchschnittsbewertung und die Verbrauchsfolgeverfahren (z.b. Fifo und Lifo). Die Durchschnittsmethode erlaubt nach §240 Abs. 4 HGB die Bewertung des Vorratsvermögens mit den durchschnittlichen Anschaffungskosten, solange es sich um gleichartige Gegenstände (z.b. identische Schrauben) handelt.

Die Verbrauchsfolgeverfahren sind nach §256 HGB erlaubt. Hier wird unabhängig von den tatsächlichen Gegebenheiten unterstellt, dass die zuerst oder zuletzt angeschafften oder hergestellten Güter zuerst oder in einer sonstigen bestimmten Folge verbraucht oder veräußert werden. Es werden also zwei Verbrauchsfolgeverfahren unterschieden:

• Die Lifo-Methode („Last-in-first-out") unterstellt, dass die zuletzt angeschafften Güter zuerst verbraucht wurden. Im Endbestand sind demnach der Anfangsbestand und die zuerst beschafften Güter enthalten.

- Die Fifo-Methode („First-in-first-out") unterstellt, dass die zuerst angeschafften Güter zuerst verbraucht wurden. Im Endbestand sind daher die zuletzt angeschafften Güter enthalten.

Theoretisch gibt es noch zwei weitere Verbrauchsfolgeverfahren, die aber im Bilanzwesen nicht zum Einsatz kommen:

- Die Hifo-Methode („High-in-first-out") unterstellt, dass die teuersten Güter zuerst verbraucht wurden. Im Endbestand sind daher die billigsten Güter enthalten.

- Die Lofo-Methode („Lowest-in-first-out) unterstellt, dass die billigsten Güter zuerst verbraucht wurden. Im Endbestand sind daher die teuersten Güter enthalten. Die Lofo-Methode führt in jeder denkbaren Situation zum höchsten Wertansatz. Sie widerspricht demnach dem Prinzip kaufmännischer Vorsicht und deren Anwendung ist daher im Bilanzwesen nicht erlaubt.

In der Steuerbilanz ist grundsätzlich die Ermittlung der Anschaffungs- und Herstellungskosten nach der Durchschnittsmethode zulässig. Darüber hinaus gestattet §6 Abs. 1 Ziff. 2a EStG die Anwendung der Lifo-Methode. Alle anderen Verbrauchsfolgeverfahren sind verboten.

Beispiel: In einem Unternehmen zeigt die Lagerkartei der Vorräte an Eisen für die abgelaufene Periode folgende Daten an:

1.1.	Anfangsbestand	50 t	zu	90 Euro/t	=	4.500 Euro
5.3.	Zugang	80 t	zu	100 Euro/t	=	8.000 Euro
10.7.	Zugang	110 t	zu	80 Euro/t	=	8.800 Euro
20.10.	Zugang	60 t	zu	105 Euro/t	=	6.300 Euro

31.12.	Endbestand lt. Inventur	90 t

Je nach Anwendung eines Bewertungsverfahrens ergeben sich unterschiedliche Endwerte der Vorräte für die Bilanz zum Bilanzstichtag:

Bewertungsverfahren	Endbestand
Durchschnittsmethode	8.280 €
Lifo	8.500 €
Fifo	8.700 €

Je nachdem welches Verfahren also angewendet wird, unterscheidet sich die Höhe der Vorräte in der Bilanz mit direkter Konsequenz auf den Jahresüberschuss. Ein Unternehmen kann somit seinen „Gewinn" im Sinne der → **Bilanzpolitik** anpassen, um z.b. gegenüber den Arbeitnehmern einen geringeren Gewinn oder sogar einen Verlust auszuweisen, obwohl es dem Unternehmen viel besser geht als angegeben.

Die zweite Position des Umlaufvermögens laut §266 HGB sind die Forderungen und sonstigen Vermögensgegenstände. Hierzu gehören die Forderungen aus Warenlieferungen und Dienstleistungen an Kunden, die ihre Rechnungen am Bilanzstichtag noch nicht beglichen haben. Zu den Forderungen zählen aber auch jene gegenüber verbundenen Unternehmen sowie gegenüber Unternehmen, an denen das bilanzierende Unternehmen beteiligt ist. Kapitalgesellschaften haben nach §268 Abs. 4 HGB zudem ihre Forderungen nach Restlaufzeiten (Fristigkeit) zu gliedern, so dass klar ersichtlich ist, welche Forderungen sogar über ein Jahr hinausgehen.

Wichtig!

Die Außenstände der Kunden, also die Forderungen, sind eine wichtige Information zur Führung eines Unternehmens. Zahlt nämlich ein Kunde seine Rechnungen nicht, so fehlen diese finanzielle Mittel dem Unternehmen. Das Unternehmen hat zwar seine Leistungen schon erbracht, aber der Gegenwert steht noch aus. Geschieht dies im großen Maße, kann es zu einer fehlenden Zahlungsfähigkeit (→ **Liquidität**) beim Unternehmen kommen und direkt die Arbeitsplätze gefährden! Es empfiehlt sich daher ein professionelles Forderungsmanagement!

Sonstige Vermögensgegenstände sind ein Sammelposten, z.B. mit Darlehensforderungen, Gehaltsvorschüssen, Kautionen oder Steuererstattungsansprüchen.

Im dritten Block des Umlaufsvermögens finden sich die Wertpapiere, also alle Wertpapiere eines Unternehmens, die nur kurzfristig von dem bilanzierenden Unternehmen gehalten werden und innerhalb des nächsten Jahres verkauft werden sollen.

Die Position „Kassenbestand, Bundesbankguthaben, Guthaben bei Kreditinstituten und Schecks" wird oft auch nur als „flüssige Mittel" bezeichnet. Der Vorteil dieser flüssigen Mittel ist, dass sie einem Unternehmen sofort zur Verfügung stehen. Findet man also bei einem Unternehmen einen hohen Anteil an flüssigen Mitteln, so kann dies z.B. auf eine erst kurzfristig durchgeführte Kapitalerhöhung hinweisen, oder aber auch auf eine prall gefüllte „Kriegskasse" zwecks anstehender Übernahme eines weiteren Unternehmens.

Wichtig!

Nicht nur die flüssigen Mittel, sondern das gesamte Umlaufvermögen, spielen eine wichtige Rolle für die Zahlungsfähigkeit (→ **Liquidität**) eines Unternehmens. Fehlt diese Zahlungsfähigkeit, so ist die Existenz des Unternehmens direkt gefährdet!

Doch nicht alle Firmen halten einen großen Vorrat an flüssigen Mitteln in ihren Kassen. Besonders Tochtergesellschaften von Konzernen überweisen oft alle frei verfügbaren Mittel direkt an die Konzernmutter zwecks Bündelung der flüssigen Mittel und effizienter Anlage dieser finanziellen Mittel. Dies ist ökonomisch und auch aus Sicht der Arbeitnehmervertreter sinnvoll – solange umgekehrt der Tochtergesellschaft dann wieder genügend flüssige Mittel zugespielt werden, wenn diese benötigt werden.

Als letzte Position erscheinen auf der Aktivseite die Rechnungsabgrenzungsposten. Laut § 250 HGB werden hierunter jene Ausgaben erfasst, die vor dem Bilanzstichtag geleistet wurden, jedoch einen Aufwand für eine bestimmte Zeit nach dem Bilanzstichtag darstellen. Oft werden z.B. Mieten bereits im Voraus gezahlt, wobei die Miete über den Bilanzstichtag hinausgehen kann.

Rechtlicher Hintergrund: §250 Abs. 1 HGB

Als Rechnungsabgrenzungsposten sind auf der Aktivseite Ausgaben vor dem Abschlussstichtag auszuweisen, soweit sie Aufwand für eine bestimmte Zeit nach diesem Tag darstellen.

Wie analysiert man die Vermögensseite?

Die Analyse der Vermögensseite erfolgt durch eine Reihe von Kennzahlen, zu denen zum Beispiel die Anlagenintensität zählt. Die einzelnen Kennzahlen und ihre Bedeutungen werden in dem Kapital → **Bilanzanalyse** erläutert.

25 Wertorientierte Unternehmensführung

In der Fachliteratur wurde das Konzept der wertorientierten Unternehmensführung erstmals durch den Shareholder Value Ansatz von Alfred Rappapport bekannt. In der Zwischenzeit hat sich die wertorientierte Unternehmensführung über den ursprünglichen Shareholder Value Ansatz weiter entwickelt.

Was versteht man unter wertorientierter Unternehmensführung?

Die wertorientierte Unternehmensführung (englisch: Value Based Management) konzentriert sich auf die Steigerung von Unternehmenswerten. Diese rückt die Interessen der Eigenkapitalgeber, der Aktionäre in den Vordergrund des Zielsystems eines Unternehmens. Das Management soll demnach seine Handlungen stets nach den Auswirkungen auf den Unternehmens-Marktwert, also den Börsenwert des Eigenkapitals, beurteilen.

Wichtige Einflüsse für die wertorientierte Unternehmensführung waren die Gedanken von Alfred Rappapport zum Shareholder Value, die Anregungen von Joel M. Stern und G. Bennett Stewart zum Economic Value Added sowie die Balanced Scorecard von Kaplan / Norton.

Was beinhaltet der Ansatz des Shareholder Values?

Der Managementansatz des Shareholder Values basiert auf den Ideen des Finanzprofessors Alfred Rappaport und dessen 1986 veröffentlichten Buch „Creating Shareholder Value". Darin erklärte er selbst den Shareholder Value (bedeutet übersetzt: Wert / Value für Aktionäre / Shareholder) als global anerkannten Standard zur Messung des Geschäftserfolges.

Der Ansatz Rappaports basiert auf der Annahme, dass ein Investor den Kauf einer Aktie als ausschließlich finanzielles Investment betrachtet. Dieses Investment soll zumindest eine Rendite in einer Höhe erwirtschaften, die nicht schlechter ist, als die einer alternativen Anlage (z.B. in Wertpapiere oder Immobilien). Für die Aktionäre stellt sich dann der Shareholder Value als so genannter Total Return dar, nämlich der Summe aus Kursgewinnen, Dividenden und Bezugsrechten.

Nach dem Shareholder Value Prinzip ist es die Aufgabe des Managements, den Wert des Unternehmens zu stärken. Nur ein Unternehmen, das eine höhere Rendite auf sein Kapital erwirtschaftet, als ein Investor alternativ an Börsen und Anleihenmärkten gewinnen würde, kann langfristig erfolgreich sein. Im Grunde besagt Rappaport mit dieser Theorie nichts anderes, als bereits viele kluge Betriebswirte vor ihm: Ein Unternehmen muss Gewinne erwirtschaften, damit es langfristig überleben kann. Der besondere Beitrag von Rappaport liegt in zwei Feinheiten:

Erstens reicht der reine Unternehmensgewinn nicht als Kennzahl aus, da man diesen zu leicht manipulieren kann. Vielmehr empfiehlt sich die Betrachtung des Cash Flows (Geldfluß), also der Saldo aus allen Ein- und Auszahlungen, und besonders der davon frei verfügbare Teil (free cash flow).

Zweitens dürfen die Aktionäre bzw. Gesellschafter eines Unternehmens nicht vernachlässigt werden. Denn sie sind und bleiben die Geber des Eigenkapitals, also der langfristigen Kapitalgrundlage für ein Unternehmen. Aber auch die Aktionäre eines Unternehmens haben keinen Spaß an einer Investition, wenn diese nicht rentabel ist. Und die Rentabilität hängt von den Produktionsfaktoren ab, bei denen Menschen in unserer heutigen Wirtschaftsentwicklung den wichtigsten Faktor darstellen.

Wichtig!

Nur Menschen binden Kunden, erfühlen Markttrends und bringen Innovationen, die die Basis für zukünftige Unternehmensgewinne bieten.

Oder mit anderen Worten: Die Shareholder sind bei der Maximierung ihres Vermögens gezwungen, die Anliegen aller anderen, in irgendeiner Weise mit dem Unternehmen verbundenen Personen (so genannten Stakeholder!) zu berücksichtigen. Das Nichteinhalten gesetzlicher Vorschriften beispielsweise oder eine schlechte Behandlung von Mitarbeitern und ungenügender Kundenservice würden die Maximierung des Unternehmenswerts verhindern.

Was ist der Cash Flow und der Free Cash Flow?

Schon Rappaport wies darauf hin, dass der reine Jahresüberschuss aus der → **Gewinn- und Verlustrechnung** nicht als Kennzahl für die wertorientierte Unternehmensführung ausreicht. Dieser kann zu leicht manipuliert werden. Vielmehr empfiehlt sich die Betrachtung des Cash Flows (Geldfluß), also der Saldo aus allen Ein- und Auszahlungen, und besonders der davon frei verfügbare Teil (free cash flow). Die Berechnung dieser beiden wichtigen Kenngrößen wird in dem separaten Kapitel → **Cash Flow** erläutert!

Was beinhaltet der Ansatz des Economic Value Added?

Wie gesehen basiert der Ansatz Rappaports auf der Annahme, dass ein Investor den Kauf einer Aktie als ausschließlich finanzielles Investment betrachtet. Dieses Investment soll zumindest eine Rendite in einer Höhe erwirtschaften, die zumindest nicht schlechter ist, als die einer alternativen Anlage (z.B. in Wertpapiere oder Immobilien). Diesen Gedanken griffen Joel M. Stern und G. Bennett Stewart auf und entwickelten ihren Economic Value Added (EVA) Ansatz. Der Economic Value Added zielt auf die mathematische Messung der wertorientierten Unternehmensführung. Er gilt in der Zwischenzeit als Maßgröße für den Wertzuwachs eines Unternehmens im Sinne des Shareholder Values.

Gebildet wird der Economic Value Added als Multiplikation aus dem eingesetzten Kapital (K) und der Differenz aus den Rückflüssen aus dem eingesetzten Kapital („Return on Capital Employed", ROCE) und dem gewichteten Kapitalkosten („Weighted Average Cost of Capital", WACC).

$$\text{EVA} = K \times (\text{ROCE} - \text{WACC}) = x\%$$

Übersteigt der Ertrag aus dem eingesetzten Kapital (ROCE) die hierfür notwendigen Kapitalkosten (WACC), so signalisiert dies eine Wertsteigerung des Unternehmens. Mit anderen Worten: Man hat durch den Einsatz von Eigen- bzw. Fremdkapital mehr verdient (ROCE) als man als an Kosten für die Kapitalbereitstellung zahlen musste. Multipliziert mit dem investierten Kapital (Capital Employed), führt das Ergebnis zum Economic Profit oder EVA pro Geschäftsperiode.

Der Vorteil dieser Kalkulation liegt darin, dass auch die Kosten für die Kapitalbereitstellung berücksichtigt werden. Ansonsten könnte ein Unternehmen zwar einen positiven ROCE ausweisen, doch bliebe es offen, ob nicht die Kosten für die Kapitalbereitstellung die gute Rentabilität (ROCE) aufbrauchen. In der Summe käme es dann zu einem Fehlbetrag / Verlust, und es wäre für die Shareholder besser gewesen, ihr Investment eher in alternativen Anlage (z.B. in Wertpapiere oder Immobilien) zu investieren. Dort hätten sie am Ende wenigstens einen positiven Überschuss gehabt.

Welche Konsequenzen hat die wertorientierte Unternehmensführung für die Beschäftigten?

Während die Grundidee der wertorientierten Unternehmensführung logisch ist, haben leider viele Manager in den letzten Jahren die Maxime des Shareholder Values übertrieben bzw. den wahren Gehalt des Ansatzes ad absurdum geführt: Die Hauptaufgabe des Management bestand demnach nur noch in der Schaffung von Werten, also der Steigerung der Kursgewinne an der Börse. Alle Maßnahmen wurden nur noch am Einfluss auf den Unternehmenswert gemessen.

Daraus ergaben sich leider auch eine Vielzahl negativer Konsequenzen nicht nur für die Beschäftigten, sondern für die Volkswirtschaften, die übrigens Rappaport früh vorausgesagt hatte:

- Das Wettrennen um die Größe: Zur Steigerung des Unternehmenswertes diente nicht die interne Produktivität, sondern der Zukauf von Umsätzen durch freundliche oder feindliche Firmenübernahmen.

- Verfolgung waghalsiger Strategien: Für den Nachweis bzw. Aufbau attraktiver Geschäftsfelder wurden riskante Investitionen getätigt.

- Bilanztäuschung: Manipulation des Quartals- oder Jahresabschlusses zur Beeinflussung von Aktienkursen .

- Rationalisierung und Massenentlassungen: Zur rein kurzfristigen Senkung der Kosten dienen auch Rationalisierungs- und Kündigungsmaßnahmen.

- Wertevernichtung: Unter dem Deckmantel „Shareholder Value" kam es oft eher zu einer Vernichtung von Werten als dessen Steigerung.

26 Wirtschaftsprüfungsbericht

Zum Schutz der Gläubiger und der Öffentlichkeit ist – abhängig von der Unternehmensgröße - der Jahresabschluss durch einen Abschlussprüfer zu prüfen und zu testieren. Das Testat der Abschlussprüfer gibt dabei Auskunft, ob der Jahresabschluss ein den tatsächlichen Verhältnissen entsprechendes Bild der Vermögens-, Finanz- und Ertragslage entspricht.

Wer muss einen Jahresabschluss prüfen lassen?

Mittelgroße und große Kapitalgesellschaften (→ **Unternehmensrechtsformen**) sind verpflichtet, ihre externe Rechnungslegung (→ **Jahresabschluss**), die quasi als Rechenschaftslegung der Geschäftsführung gegenüber externen Gruppen (Gesellschafter, Gläubiger, Arbeitnehmer etc.) betrachtet werden kann, prüfen zu lassen. Dies regelt §316 HGB.

Rechtlicher Hintergrund (§316 Abs. 1 HGB)

Der Jahresabschluss und der Lagebericht von Kapitalgesellschaften, die nicht kleine im Sinne des §267 Abs. 1 sind, sind durch einen Abschlussprüfer zu prüfen. Hat keine Prüfung stattgefunden, so kann der Jahresabschluss nicht festgestellt werden.

Die Pflicht zur Prüfung gilt auch für → **Konzerne**. Der nach §290 HGB aufzustellende Konzernabschluss und der Konzernlagebericht sind ebenfalls nach §317 HGB zu prüfen.

Rechtlicher Hintergrund (§316 Abs. 2 HGB)

Der Konzernabschluss und der Konzernlagebericht von Kapitalgesellschaften sind durch einen Abschlussprüfer zu prüfen. Hat keine Prüfung stattgefunden, so kann der Konzernabschluss nicht gebilligt werden.

Für Personengesellschaften ist grundsätzlich keine Prüfung vorgesehen, es sei denn, sie sind Großunternehmen, die unter das Publizitätsgesetz fallen.

Wichtig!

Auch die Abschlüsse von großen und mittelgroßen Personengesellschaften ohne natürlichen Personen als persönlich haftenden Gesellschaftern (z.B. gemäß §264a HGB eine GmbH & Co. KG) sind zu prüfen, sowie große Personengesellschaften mit natürlichen Personen als persönlich haftenden Gesellschaftern (§6 PublG).

Die Prüfung erstreckt sich auf den Jahresabschluss und den Lagebericht, bzw. auf den Konzernabschluss und den Konzernlagebericht, und ist von einer zur Prüfung berechtigten Person durchzuführen.

Wer prüft den Jahresabschluss?

Abschlussprüfer einer großen Kapitalgesellschaft kann nur ein Wirtschaftsprüfer (WP) sein. Eine mittelgroße Kapitalgesellschaft kann sich auch von einem vereidigten Buchprüfer (vBP) prüfen lassen. Dies sind in der Regel Steuerberater mit einer Zusatzqualifikation.

Rechtlicher Hintergrund (§319 Abs. 1 HGB)

Abschlussprüfer können Wirtschafsprüfer und Wirtschaftsprüfungsgesellschaften sein. Abschlussprüfer von Jahresabschlüssen und Lageberichten mittelgroßer Gesellschaften (§267 Abs. 2) oder von mittelgroßen Personenhandelsgesellschaften im Sinne des §264a Abs. 1 können auch vereidigte Buchprüfer und Buchprüfungsgesellschaften sein.

Ein Wirtschaftsprüfer oder vereidigter Buchprüfer darf nur dann Abschussprüfer eines Unternehmens sein, wenn er laut §319 Abs. 2 HGB:

- keine Anteile an der zu prüfenden Kapitalgesellschaft besitzt

- nicht in den letzten drei Jahren Mitglied des Aufsichtsrats der zu prüfenden Gesellschaft war

- nicht Arbeitnehmer, Geschäftsführer, Vorstand oder Mitglied des Aufsichtsrats eines Unternehmens ist, dass Anteile von mehr als 20 Prozent an dem zu prüfenden Unternehmen hält

- das zu prüfende Unternehmen keinen Umsatzanteil von mehr als 30 Prozent des Gesamtumsatzes des Abschlussprüfers ausmacht

- einen Nachweis über die Teilnahme an der Qualitätskontrolle nach §57a der Wirtschaftsprüfungsordnung innehält

Was prüft der Abschlussprüfer?

Der Abschlussprüfer hat bei der Prüfung des Jahresabschlusses bzw. Konzernabschlusses auf die Einhaltung der gesetzlichen und gesellschaftsrechtlichen Vorgaben zu achten.

Rechtlicher Hintergrund (§317 Abs. 1 HGB)

In die Prüfung des Jahresabschlusses ist die Buchführung einzubeziehen. Die Prüfung des Jahresabschlusses und des Konzernabschlusses hat sich darauf zu erstrecken, ob die gesetzlichen Vorschriften und sie ergänzenden Bestimmungen des Gesellschaftsvertrages oder der Satzung beachtet worden sind. Die Prüfung ist so anzulegen, dass Unrichtigkeiten und Verstöße gegen die in Satz 2 aufgeführten Bestimmungen, die sich auf die Darstellung des sich nach §264 Abs. 2 ergebenden Bildes der Vermögens-, Finanz- und Ertragslage des Unternehmens wesentlich auswirken, bei gewissenhafter Berufsausübung erkannt werden.

Darüber hinaus ist zu prüfen, ob der Lagebericht bzw. der Konzernlagebericht insgesamt eine zutreffende Vorstellung von der Lage des Unternehmens vermittelt (§317 Abs. 2 HGB).

Wichtig!

Hauptaugenmerk der Prüfung ist die Frage, ob „bei der Durchführung der Prüfung Unrichtigkeiten oder Verstöße gegen gesetzliche Vorschriften sowie Tatsachen festgestellt worden sind, die den Bestand des geprüften Unternehmens oder des Konzerns gefährden oder seine Entwicklung wesentlich beeinträchtigen können" (§321 Abs. 1 Satz 3 HGB).

Werden der Jahresabschluss oder ein Konzernjahresabschluss nach der Vorlage des Prüfungsberichts geändert, so hat der Abschlussprüfer diese Unterlagen erneut zu prüfen, soweit es die Änderungen erfordern (§316 Abs. 3 HGB).

Mit der Einführung des Gesetzes zur Kontrolle und Transparenz (KonTraG) hat sich die Berichtspflicht des Abschlussprüfers noch erweitert. Diese Aspekte zeigen sich besonders im Rahmen der vorgeschriebenen Inhalte des Prüfungsberichts, der über die Ergebnisse der Abschlussprüfer informiert.

Was beinhaltet der Prüfungsbericht?

Die Abschlussprüfer erstellen bei der Prüfung des Jahresabschlusses einen Prüfungsbericht und erteilen ein Testat, welches Auskunft über die Ordnungsmäßigkeit der Bilanzierung gibt.

Rechtliche Grundlage (§321 Abs. 1 Satz 1 HGB)

Der Abschlussprüfer hat über Art und Umfang sowie über das Ergebnis der Prüfung schriftlich und mit der gebotenen Klarheit zu berichten.

Im den folgenden Abschnitten des §321 HGB werden die Angaben des Prüfungsberichts sowie die Anforderungen an seine Gestaltung geregelt:

• Vorwegbericht: Der Abschlussprüfer hat gleich am Anfang des Prüfungsberichts zu den Aussagen der Geschäftsführung / Vorstand über die Lage des Unternehmens oder Konzerns Stellung zu nehmen.

• Hauptteil: Der Hauptteil stellt fest, ob die Buchführung und die weiteren geprüften Unterlagen den gesetzlichen Vorschriften und ergänzenden Bestimmungen (z.B. Verträge, Satzung) entsprechen.

• Weitere Abschnitte: §231 Abs. 3 HGB ergänzte an dieser Stelle die Pflicht, auch über den Gegenstand, Art und Umfang der Prüfung zu berichten sowie über die Prüfung des Risikofrüherkennungssystems nach §321 Abs. 4 HGB.

Unter der Berücksichtigung dieser gesetzlichen Vorgaben empfiehlt das Institut der Wirtschaftsprüfer in Deutschland e.v. (IDW) mit dem Prüfungsstandard PS 450 den Prüfungsbericht entsprechend der nachfolgenden Gliederung aufzubauen:

1, Prüfungsauftrag

2. Grundsätzliche Feststellungen
    2.1 Lage des Unternehmens
        2.1.1. Stellungnahme zur Lagebeurteilung der gesetzlichen Vertreter
        2.1.2. Entwicklungsbeeinträchtigende oder bestandsgefährdende Tatsachen
    2.2. Unregelmäßigkeiten
        2.2.1. Unregelmäßigkeiten in der Rechnungslegung
        2.2.2. Sonstige Unregelmäßigkeiten

3. Gegenstand, Art und Umfang der Prüfung

4. Feststellungen und Erläuterungen zur Rechnungslegung
    4.1. Buchführung und weitere geprüfte Unterlagen
    4.2. Jahresabschuss
        4.2.1. Ordnungsmäßigkeit des Jahresabschlusses
        4.2.2. Gesamtaussage des Jahresabschluss
        4.2.3. Darstellung der Vermögens-, Finanz- und Ertragslage
    4.3. Lagebericht

5. Feststellungen zum Risikofrüherkennungssystem (falls relevant)

6. Feststellungen aus Erweiterungen des Prüfungsauftrags

7. Bestätigungsvermerk

Abbildung 32: Gliederung des Prüfungsberichts der Wirtschaftsprüfer

Die Gliederungsempfehlung ermöglicht es, die gesetzlichen Pflichtbestandteile des Prüfungsberichts in einer sachlich sinnvollen und für den Berichtsleser übersichtlichen Form darzulegen. Ergänzungen und weitere Untergliederungen sind möglich, wenn dadurch die Klarheit der Berichterstattung gefördert wird.

Prüfungsauftrag

Im ersten Gliederungspunkt des Prüfungsberichts nach IDW PS 450 ist der Prüfungsauftrag zu benennen. Die Angaben an dieser Stelle umfassen insbesondere:

*   die Firma des geprüften Unternehmens

*   den Abschlussstichtag

*   bei Rumpfgeschäftsjahren das geprüfte Geschäftsjahr

*   einen Hinweis darauf, dass es sich um eine Abschlussprüfung handelt

*   das Datum der Auftragserteilung

*   Hinweis auf die im Rahmen der Auftragserteilung zugrunde geltenden Auftragsbedingungen

Grundsätzliche Feststellungen

Die grundsätzlichen Feststellungen dienen nach §321 HGB dem Vorwegbericht zur Stellungnahme der Abschlussprüfer zur Beurteilung der Lage des Unternehmens des gesetzlichen Vertreters eines Unternehmens (Geschäftsführung / Vorstand, Aufsichtsrat). Dabei ist insbesondere auf die Beurteilung des Fortbestands und der zukünftigen Entwicklung des Unternehmens einzugehen.

Beispiel: Anhaltspunkte zu der wirtschaftlichen Lage des Unternehmens können folgende Angaben sein:

*   Entwicklung der Gesamtwirtschaft und Branche und Entwicklung des Unternehmens im Vergleich zur Branche (z.B. Wettbewerbsverhältnisse, Marktanteile, Nachfrageentwicklung, Wechselkursentwicklung)

*   Umsatz- und Auftragsentwicklung

*   Produktion (z.B. Änderungen des Sortiments, Rationalisierungsmaßnahmen)

*   Beschaffung (z.B. Preisrisiken, Beschaffungsengpässe)

*   Investitionen (z.B. wichtige Beteiligungen)

- Finanzierung (z.B. Kreditlinien, Platzierungsvorhaben)

- Personal- und Servicebereich (z.b. besondere Vergütungsregelungen, tarifliche Vereinbarungen)

- Wichtige Kennzahlen zur Vermögens-, Finanz- und Ertragslage und deren Entwicklung

- Wichtige Segmente / Sparten des Unternehmens

Wichtig

Zusätzlich ist in diesem Gliederungsabschnitt auf folgende Tatsachen einzugehen:

(1) Tatsachen, die die Entwicklung des geprüften Unternehmens wesentlich beeinträchtigen können,

(2) Tatsachen, die den Bestand des Unternehmens gefährden können,

(3) Schwerwiegende Verstöße der gesetzlichen Vertreter oder von Arbeitnehmern gegen Gesetz, Gesellschaftsvertrag oder die Satzung.

Indikatoren für berichtspflichtige bestandsgefährdende Tatsachen sind laut dem IDW beispielsweise:

- Erhebliche laufende Verlust, deren Ende nicht abzusehen ist

- Fertigung kann kostendeckend nicht fortgeführt werden

- Laufende Liquiditätsengpässe oder sogar drohende Zahlungsunfähigkeit (→ **Liquidität**)

- Drohender Fremdkapitalentzug ohne Möglichkeit, neue Kredite aufzunehmen

- Tiefgreifende Preisänderungen auf dem Beschaffungs- oder Absatzmarkt

- Haftungsrisiken, die den Bestand des Unternehmens tangieren

- Fehlmaßnahmen bei größeren Investitionsprojekten

Gegenstand, Art und Umfang der Prüfung

Zu den berichtspflichtigen Inhalten des Prüfungsberichts gehören Informationen zu den einzeln durchgeführten Prüfungen, wie z.B.

• Festgelegte Prüfungsschwerpunkte

• Hinweis auf die Zusammenarbeit mit der internen Revision

• Stichprobenbezogene Prüfungsverfahren

• Vorgehensweise und Kriterien, nach denen Bestätigungen Dritter eingeholt wurden

• Besonderheiten bei der Prüfung des Inventars

Feststellungen und Erläuterungen zur Rechnungslegung

Nach §321 Abs. 2 HGB hat der Prüfungsbericht im Hauptteil darzustellen, wie die Buchführung und die weiter geprüften Unterlagen (Jahresabschluss etc.) den gesetzlichen Vorschriften und ergänzenden Regelungen entsprechen. So ist auf Mängel in der Darstellung des Jahresabschlusses und seiner Positionen ebenso hinzuweisen, wie auf bestehende sowie zwischenzeitlich behobene Mängel in der Buchführung.

Wichtig

Beim Jahresabschluss ist insbesondere auf Besonderheiten beim Ausweis, die Ausübung von Ansatzwahlrechten (→ **Bilanzpolitik**), angewandte Bewertungsmethoden, wesentliche Veränderungen gegenüber dem Vorjahr und deren Gründe sowie auf die Rechte Dritter an ausgewiesenen Vermögensgegenständen hinzuweisen.

Risikofrüherkennungssystem

Gemäß §321 Abs. 4 Satz 1 HGB ist bei der Jahresabschlussprüfung darauf zu achten, ob die Unternehmensleitung die Maßnahmen im Sinne des -Risikomanagements getroffen hat. Hierzu gehört vor allem die Einrichtung eines Überwachungssystems. Ferner ist nach §321 Abs. 4 Satz 2 HGB darauf einzugehen, ob Maßnahmen erforderlich sind, um das Risikofrüherkennungssystem zu verbessern.

Anlagen

In den Anlagen ist besonders auf wesentliche Veränderungen im Berichtsjahr einzugehen. Dazu gehören z.b, Aussagen über:

* Änderungen von Satzung oder Gesellschaftsvertrag

* Kapitalverhältnisse (Höhe des Kapitals, Kapitalerhöhungen oder –Herabsetzungen, Eintritt oder Austritt von Gesellschaftern etc.)

* Zusammensetzung der Organe (Aufsichtsrat, Geschäftsführung / Vorstand)

* Beschlüsse von Gesellschafterversammlungen oder Hauptversammlungen

* Unternehmensverbindungen (z.b. Abhängigkeitsverhältnisse durch Beherrschungsverträge, Gewinnpoolungsverträge)

* Wichtige Verträge (z.b. Miet-, Leasing-, Garantie- oder Preisvereinbarungsverträge)

* Schwebende Rechtsstreitigkeiten

* Bestehende Treuhandverhältnisse

* Bestehende Altersversorgung

* Steuerliche Verhältnisse

Wer bekommt den Prüfungsbericht?

Die gesetzlichen Vertreter einer Gesellschaft haben den Prüfungsbericht nach §318 Abs. 7 HGB den Bericht des Abschlussprüfers unverzüglich dem Aufsichtsrat offen zu legen. Die Öffentlichkeit sieht nur das Testat und nicht den ganze Prüfungsbericht!

Wichtig!

Der Prüfungsbericht ist jedem Aufsichtsratsmitglied, oder soweit der Aufsichtsrat dies beschlossen hat, den Mitgliedern eines Ausschusses auszuhändigen.

Abbildungsverzeichnis

Literaturverzeichnis

Bichlmeier W., Wroblewski A.: Das Insolvenzhandbuch in der Praxis, Frankfurt a.m., 2010

Coenenberg A.G.: Jahresabschluss und Jahresabschlussanalyse, Landsberg / Lech, 2000

Döhle P., Papendick U., Die Blendwerk AG, in: ManagerMagazin 5/03, 2003

Engel-Bock J.: Bilanzanalyse leicht gemacht, Frankfurt a.m., 2002

Ernst & Young AG: Synopse IAS / HGB, Stuttgart, 2002

IDW: WP Handbuch 2000, Düsseldorf, 2000

Kreese W.: Die Kunst, Bilanzen zu lesen, Stuttgart, 1988

Reichmann T.: Controlling mit Kennzahlen, München, 1990

Ossola-Haring C., Cremer U.: Jahresabschluss und Bilanz, Landsberg / Lech, 2001

Schmalen H.: Grundlagen und Probleme der Betriebswirtschaft, Stuttgart, 2001

Dr. Marcus Disselkamp

Marcus Disselkamp (Jahrgang 1968) ist selbständiger Berater, Unternehmer sowie Management-Trainer.

Herr Disselkamp studierte Betriebswirtschaftslehre an der Universität Fribourg (Schweiz) und promovierte in Fribourg und dem Templeton College der Universität Oxford (England).

www.disselkamp.com